世界名人非常之路

U0701792

哥伦布

从少年船长到英雄探险家

徐文平◎编著

中国社会出版社

国家一级出版社·全国百佳图书出版单位

"世界名人非常之路" 编委会

主　任：刘明山

编　委：

周红英	王汉卿	高立来	李正蕊	刘亚伟	张雪娇
方士娟	刘亚超	张鑫蕊	李　勇	唐　容	蒲永平
冯化太	李　奎	李广阔	张兰芳	高永立	潘玉峰
王晓蕾	李丽红	邢建华	何水明	田成章	李正平
刘干才	熊　伟	余海文	张德荣	付思明	杨永金
向平才	赵喜臣	张广伟	袁占才	许兴胜	许　杰
谢登华	衡孝芬	李建学	贺欣欣	刘玉磊	王莲凤
刘振宇	张自粉	苗晋平	卓德兴	徐文平	王翠玉

写在前面的话

　　童年时代的夏夜，我和小伙伴们时常躺在家乡的草坪上，仰望着美丽的星空，偶尔还能看见流星划过，那时的欢呼与过后的惊诧至今仍历历在目。冬天的早晨，我们则常常流连于冰雪覆盖的小路，经常因堆雪人和打屋檐的冰凌锥而忘记了上学。当然，春天和秋天对于孩子们来说，更是大自然赐予最慷慨、最丰厚的时候。无论是春花的烂漫还是秋果的诱人，至今都是我心中最温暖的回忆。

　　随着年岁的增长，许许多多扑朔迷离的自然现象，构成了一个又一个神秘莫测的奥秘。自然界的事物不再只是心头美丽的驻足，而是慢慢地变成了诸多诱使我去探索的动力。幸好，学校的数、理、化、生物等课程给了我一些答案。但是，课本的知识毕竟十分有限，而阅读课外书籍给了我巨大的帮助。

　　在成长过程中，随着知识的增加，我的好奇心也越来越强，迫切地想要了解那些发明创造的过程和那些奇思妙想的主人。是谁捡到了那只证明了万有引力的苹果？是谁让漆黑的夜晚亮如白昼？是谁开启了工业时代的大门？又是谁让人类迎来了飞天的奇迹？是他们，站在科技前沿的科学家们，带着诸多疑问，不断地对我们生存的空间进行研究，渴求破译这充满超自然现象的世界。是他们一步步带领着我们进入科技时代。

　　茫茫宇宙中是否还存在其他智慧生物？如何科学地解释人体与自然的离奇现象？他们用不断探索的精神引领我们认知世界，辨别真伪。我们为他们的创造精神而感动，为他们的科研成果而骄傲，更为他们对人类的贡献表示由衷的感谢！

写在前面的话

被逼"退学"的发明大王爱迪生，中国现代数学之父华罗庚，带给人类动力的发明家瓦特，太空探索的先驱者布劳恩，实验科学研究的先驱伽利略，为人类插上翅膀的莱特兄弟，放射性元素之母居里夫人……我们将这些科学家的故事汇集起来，编撰成册，希望能让读者朋友们全面了解他们的一生和那些与他们无法分离的伟大事迹，使大家从中有所收获。

就让我们一同走近这些科学家，了解他们发明创造背后的故事，让他们的成长历程启示我们；让他们的挫折坎坷激励我们；让他们的灵感火花指引我们，让我们站在巨人的肩膀上，走向更高的目标，实现更伟大的理想！

"世界名人非常之路"大型系列丛书之"科学家成长之路"篇，就是这样一套专门拓展中学生科学视野，提高科学素养的图书。让我们沉醉于神奇、瑰丽的大千世界之中，感受科技的强大，伟人的魅力，从而启迪智慧，丰富想象，激发创造，培养青少年热爱科学、献身科学的决心，以及热爱人类、保护环境的爱心。

丛书紧密结合当前中学教材中涉及的历史名人，以及物理、化学、生物、地理、天文、材料、医学、能源、环境、航空航天等多方面的科学知识。在这里，科学家的成功不再神秘，愿科学家的成长之路能够成为你开启成功之门的金钥匙。

年轻的朋友们，让知识为你们的梦想插上科学的翅膀吧！

哥 伦 布

人 物 简 介

∽ 生卒与经历 ∾

克里斯托弗·哥伦布（Christopher Columbus，1451～1506），中世纪热那亚共和国航海家，美洲新大陆的发现者，开辟了横渡大西洋到美洲的航路，证明了大地球形说的正确性。

哥伦布 1451 年 8 月 10 日出生在意大利，自幼热爱航海冒险。他读过《马可·波罗游记》，十分向往印度和中国。

1492 年 8 月 3 日，哥伦布第一次航海。10 月 12 日，哥伦布到达并命名了巴哈马群岛的圣萨尔瓦多岛。10 月 28 日，船队到达古巴岛，哥伦布误认为这就是亚洲大陆。

随后哥伦布来到西印度群岛中的伊斯帕尼奥拉岛，即今海地岛，在岛的北岸进行了考察。1493 年 3 月 15 日，哥伦布返回西班牙。

1493 年 9 月 25 日，哥伦布第二次航海。1494 年 2 月，因粮食短缺等原因，大部分船只和人员返回西班牙。

哥伦布继续前行，他的船队先后到达了多米尼加岛、背风群岛的安提瓜岛和维尔京群岛，以及波多黎各岛。1496 年 6 月 11 日，船队回到西班牙。

1498 年 5 月 30 日，哥伦布第三次航海开始。他率领 6 艘船、船员 200 人，由西班牙塞维利亚出发。

1498 年 7 月 31 日，哥伦布的船队到达南美洲北部的特立尼达岛以及委内瑞拉的帕里亚湾，这是欧洲人首次发现南美洲。

1502 年 5 月 11 日，哥伦布第四次航海，船队到达伊斯帕尼奥拉岛后，穿过古巴岛和牙买加岛，向南折向东沿洪都拉斯、尼加拉瓜、哥斯达黎加和巴拿马海岸前进。

1504 年 11 月 7 日，船队返回西班牙。

1506 年 5 月 20 日，哥伦布与世长辞，终年 55 岁。

❧ 成就与贡献 ❧

哥伦布的远航是大航海时代的开端。新航路的开辟，改变了世界历史的进程。它开创了在新大陆开发和殖民的新纪元。

当时欧洲人口正在膨胀，有了这一发现，欧洲人就有了可以定居的新大陆，就有了能使欧洲经济发生改观的矿藏资源和原材料。这一发现，也导致了美洲印第安文明的毁灭。

从长远的观点来看，还致使西半球上出现了一些新的国家。这些国家与曾在该地区定居的各个印第安部落截然不同，它们极大地影响着旧大陆的各个国家。它使海外贸易的路线由地中海转移到大西洋沿岸。

从那以后，西方终于走出了中世纪的黑暗，开始以不可阻挡之势崛起于世界，并在之后的几个世纪中，成就海上霸业。一种全新的工业文明成为世界经济发展的主流。

❧ 地位与影响 ❧

哥伦布是第一个从热带、亚热带海域横渡并往返大西洋两岸的人，是第一个航行发现美洲加勒比海的全部主要岛屿的人。

哥伦布首先发现了南美洲北部和中美地峡，为发现西半球的两个大洲——北美洲和南美洲奠定了基础。

哥伦布处在15世纪末至16世纪初欧洲商业资本主义发展和封建制度瓦解的转变时期，他对美洲的发现顺应了欧洲资产阶级掠夺新财富、发展资本主义的迫切要求。

美洲的发现和殖民，促进了世界市场的形成，大量金银流入欧洲，扩大了资本主义原始积累，推动了欧洲资本主义的发展，加速了欧洲封建制度的崩溃。

同时，哥伦布发现美洲以后，西方人在拉丁美洲建立起殖民奴役制度，给印第安人带来了深重的灾难。

目录

哥 伦 布

少年航海家

我自年轻的时候出海以来，至今还不曾离开海上的生活。这种职业，似乎使所有干这行的人，都产生了一种想知道世界奥秘的心情。

—— 哥伦布

出生在航海强国

在现在的意大利北部，靠近地中海的地方，有一座美丽的海滨城市热那亚，在 15 世纪时，它是一个独立的共和国，叫作热那亚共和国。这里，就是伟大航海家哥伦布的故乡。

热那亚是个历史很悠久的古城。早在古罗马建城之前，利古里亚人已经住在这里。

热那亚曾是罗马帝国的一个行政区，在罗马帝国灭亡之后，落入拜占庭手中，后来又相继被伦巴底和法兰克热那亚人所占领。

12 世纪以来，热那亚伴随着十字军东征而逐渐繁荣起来，并建立起一个独立而强盛的海洋共和国，与威尼斯、比萨和阿马尔菲齐名。

热那亚共和国从今日的热那亚向外伸展，直至今日的利古里亚及皮埃蒙特。它在地中海沿岸有好几个殖民地，分别位于中东、黑海、西西里岛、撒丁岛和北非。

在最强盛的时期，热那亚完全控制了意大利半岛以西的第勒尼安海的所有岛屿，包括科西嘉岛。

1379 年，热那亚企图向东扩张，与威尼斯共和国争霸，但是因为威尼斯共和国地理条件更加优越，经济更加富裕，热那亚在本次战争中失利，但这不足以动摇热那亚共和国在当时的强势地位。

热那亚是一个海洋大国，它依靠航海而出名，热那亚也产生过精明的商人和金融家，但是它最著名的一群顶尖人物却是航海家。

如果说文艺复兴时期的佛罗伦萨是一个孕育文艺家的天堂的话，那么热那亚就是一个航海家和冒险家的天堂，热那亚海员中的佼佼者往往受聘于葡萄牙和英国等沿海诸国，成为它们的海上将军，帮助它们顺利地完成各种海上贸易。

1451 年 8 月 10 日，哥伦布出生在热那亚一个普通的毛织匠家庭，他的父亲多明尼科・哥伦布是附近有名的毛纺织工人，母亲苏珊娜・其丹那洛斯是一个能干的家庭主妇。

多明尼科是一位手艺精湛的织布师傅。他每天的工作就是把进口的羊毛加工纺织，染上各种颜色，然后织成布料。他手下有七八名工人，生意相当兴隆。

哥伦布是家里的老大，他有两个弟弟，分别叫巴索洛缪和迪亚戈，最小的妹妹名叫碧安卡。弟弟迪亚戈后来曾随同哥伦布出海航行。

父亲给哥伦布取名为克里斯托弗，父亲将孩子的名字取得与当时广为流传的传奇人物克里斯托弗一样，可见他对孩子寄托了多大的希望。

传说，克里斯托弗是一个身材高大、十分健壮的教徒，他十分想了解耶稣，但是又不知道怎么去了解他。

克里斯托弗住在一条小河边，靠近一个可以徒步涉河但是十分危险的渡口。由于年富力强，他经常帮助旅行的人渡到对岸去。

有一天，克里斯托弗在自己的茅草屋中睡觉，迷迷糊糊之中他听见有一个孩子的声音在呼唤他，说："克里斯托弗，快醒来，送我到河对岸去。"

克里斯托弗拿起拐杖，带着孩子一步步走到河边，他让孩子趴在自己的肩膀上，一开始也不觉得沉重，但是走到一半的时候，突然之间觉得像是背了一座山。克里斯托弗差点跌倒在河中，经过一番挣扎，终于将孩子平安送到对岸。

克里斯托弗说道："我的孩子，现在好了，我们终于安全了，你怎么突然之间变得这么沉重，让我感觉像是背了一座山一样，就算我把全世界都扛在肩膀上，只怕也比你要轻一些。"

小孩一本正经地回答说："你不要震惊，你扛在肩上的本来就是整个世界和创造世界的造物主，你在为我服务，也就是在为全人类服务。为了证明我是造物主和福星，你把拐杖放到屋子里，明天它会长出鲜花，结出硕果。"

克里斯托弗将信将疑，按照小孩的话做了，结果第二天他的拐杖变成了十分漂亮的枣椰树。这个故事一传十，十传百，大家都知道克里斯托弗是上帝的信使，是旅行者的保护神。

哥伦布的名字与这个守护神一模一样，从中也可以看出某种征兆，这个孩子长大以后必然也是要渡基督过大海，去传播上帝的福音，让那些不知道基督的人了解基督的教义。

童年时代的哥伦布就展现出他对于海洋和航海方面的浓厚兴趣。这个有着蓝眼睛的结实的孩子最喜欢做的事情就是到海边去游玩，在海里游泳，在海滩上追逐。

从很小的时候开始，在哥伦布的小木箱里，就积存了各种各样美丽的贝壳。

哥伦布有着一双明亮的像海水一样清澈的眼睛，经常闪着好奇的坚毅的光芒。热那亚的沙滩上，到处都留下了他那小小的脚印。

哥伦布最喜爱和渔民来往，听他们讲航海和捕鱼的故事，为此，经常忘了回家，有时候也会忘记了手中的活儿而遭到父母的责骂，但他对大海却越来越感兴趣了。

梦想当船长

哥伦布知道，在热那亚的西面，有个科西嘉岛，再过去，还有个撒丁岛，是地中海中两个最大的岛屿。

哥伦布常常用羡慕的眼光看着那些讲述航海中的惊险故事的人，心里想："我长大以后，也要像他们那样，驾着帆船在广阔的大海中航行。"

和大海有关的一切，这个蓝眼睛的孩子都极有兴趣，潮涨潮落，风云天象，掌舵使帆，渔民、水手们讲到的一切有关大海的知识，都在他幼小的心灵里留下了极深的印象。

热那亚海湾不少渔民、水手，甚至船长，都认识这个蓝眼睛的孩子，他常常取得登上航船的特殊权利，一个人在船上跑来跑去，东摸摸西看看，问个没完没了。那些大胡子水手微笑着回答了他所有的问题，并且给他取了个"未来的船长"的绰号。

小哥伦布对这个绰号很是满意，有时光着脚昂首挺胸地站在沙滩上，一个人给那些实际上并不存在的水手发布命令。船长、水手经常邀请小哥伦布到船上做客。

"喂！未来的小船长，上来吧！"

小哥伦布便雄赳赳地跨过跳板，登上驾驶舱，双手叉着腰，神气十足地问道："什么风向？几级？"

逗得水手们哈哈大笑起来。一个爱开玩笑的水手把自己的大帽子扣在他的头上，只露出半个脑袋的"未来的船长"把帽子往后一推，仍然一本正经地注视着前方，并且威严地下达命令："升起横帆，保持航向！"

然后小哥伦布抬头看了看天，皱着眉头说道："下午 15 时左右有暴风雨，准备进港避风！"

水手们围上去一下把这个"船长"捉住，几个人一边笑着一边把他抛向天空。

小哥伦布一边笑着一边大声地说道："不许这样，对船长应该有礼貌！"

热那亚海湾经常可以看见这样欢乐的场面。

"这么晚了，哥伦布这孩子还不回来……大概又溜到什么地方玩去了。"

从早上就一直忙着工作的父亲已经感到很饿了。晚饭的菜肴已全都摆上了桌，母亲苏珊娜费了大半天工夫烹调的鱼和烤鸡，又香又肥，令人馋涎欲滴。

"爸爸，我的肚子好饿！"弟弟巴索洛缪可怜地嚷着。

"哥伦布也不知道要到什么时候才回来，我们先开饭好了，待会儿等他回来，非要好好训他一顿才行。"多明尼科拿起杯子，一边倒酒一边说。

哥伦布是家中的长子，本来要在家里帮忙。但是，父亲却认为他的手艺不够灵巧，倒是老二巴索洛缪似乎比较适合于这种精细的工作。因此，就在半个月以前，多明尼科把推销成品的工作派给了哥伦布。

哥伦布的任务是带着布料的样品到各行号去兜售，那些停泊在港

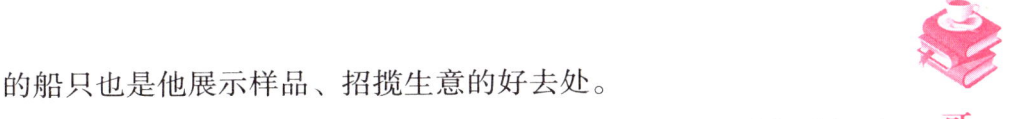

口的船只也是他展示样品、招揽生意的好去处。

可是，哥伦布却对海洋充满兴趣，每次在码头上遇到水手们时，他总是只顾听他们谈论外地港埠的种种见闻而忘了自己的推销工作。

"哥伦布这孩子总是对织布不感兴趣，一心只想当船员，自己开创一番事业。我小时候不也是一心一意要到海上航行吗？"

父亲忽然停止了吃饭，心想："怎么能责备哥伦布呢？"

当时的热那亚处于全盛时期，与威尼斯齐名，是地中海最繁盛的贸易港口之一。港内船舶大多用来贸易。那里帆樯林立，人来人往，景象蔚为壮观。热那亚的码头附近有交易所、银行以及专做船员生意的酒吧、旅馆等，市区内一幢幢豪华巨宅处处可见，那些装饰着雕刻艺术品的美丽庭院和别具匠心的建筑比起王公贵族的宅第来也毫不逊色。

只要是出生在热那亚的男孩子，向往航海是理所当然的事。从船上打杂干起，若有朝一日能拥有自己的船只，将东方各国的珍贵产品运到欧洲各地去销售，那么生活就可以过得很富足，周围的人也会尊称他一声"船长"。

哥伦布的父亲多明尼科也是怀着对航海的憧憬长大的。因此，他对于哥伦布不能专心推销布料而热衷于打听海外消息的行为很能理解。但是，仅仅怀着希望是不可能成为船员的，到头来也只不过是少年时期的一个梦想而已。父亲放下了手中的酒杯，脑海中不知道在思索着什么。

当晚饭快要结束时，哥伦布才慌慌张张地从外面跑了进来。

"爸爸，我回来了。刚才我在巴罗尼叔叔那里听他讲马可·波罗的故事，实在很有趣呢！"哥伦布一边喘气一边说着，眼睛兴奋得闪闪发亮。

"那是一本名叫《马可·波罗游记》的书上所写的故事吧！这本书不错，写得很好的，但是哥伦布你要知道，它的大部分都是杜撰的。这本《马可·波罗游记》，根本没有人把它当真。"

"可是，我觉得上面的故事描绘得很真实呀，爸爸，你说东方真的有黄金国吗？"

"我的孩子，难道你不知道马可·波罗是个吹牛大王吗？他的书你也能相信吗？那只是胡诌出来的。行了，孩子，饭菜都凉了，快点吃吧，明天还要工作呢！"

父亲显然不想在这个问题上多作说明，但是小哥伦布却久久睡不着觉，东方真的是黄金遍地吗？那个传说中的东方古国又在什么地方呢？

《马可·波罗游记》 的影响

天真烂漫的童年时代渐渐过去了，小哥伦布长大了，他已经是一个中等身材结实的小伙子了。只是他的蓝眼睛还是那样明澈、晶亮。

哥伦布开始孜孜不倦地学习葡萄牙语和西班牙语，以及航海技术。他那只放贝壳的小木箱，已经换上了有关航海和船舶制造的书籍，还有一些地图，自己的笔记，其中还有一本他最喜爱的读物，拉丁文的《马可·波罗游记》。

自从德国人谷腾堡在 1445 年利用铅字发明活版印刷术以后，虽然已经过去了 20 年，但是印刷的书本还是非常珍贵，只有相当富有的人才买得起这种书。

哥伦布自然是买不起的，但是他有一个很好的叔叔叫作巴罗尼，巴罗尼是一位见多识广的商人，家里收藏着很多书籍，为人很亲切，也很喜欢聪明好学的哥伦布。

哥伦布想要看什么书，直接找巴罗尼叔叔借就可以了，不管多珍贵的书，巴罗尼叔叔都会借给哥伦布看，但是有一个前提条件，那就是哥伦布必须要看得懂才行。

在罗马帝国时代，拉丁文被定为国语，但是这门语言无疑是十分难学的，不管是读或写都相当困难，然而，如果不学会拉丁文就没有办法读书。哥伦布在工作之余，开始尽量抽出时间学拉丁文。他的家庭虽然不是十分富裕，但是父亲却开明，他知道儿子的心愿，也尽可能地帮助儿子成才。

因此，哥伦布 14 岁的时候，父亲将他送到了热那亚一所不错的学校巴比亚学校进修，哥伦布十分珍惜这次学习的机会，他总是孜孜不倦地学习，而一旦会一点拉丁文了，他就翻弄那本好不容易借来的《马可·波罗游记》。

马可·波罗是世界著名旅行家和商人。1254年生于意大利威尼斯一个商人家庭，也是旅行世家。他的父亲尼科洛和叔叔马泰奥都是威尼斯商人，曾经到东方经商，来到元大都，即今中国北京，并朝见过蒙古帝国的忽必烈大汗，还带回了大汗给罗马教皇的信。

马可·波罗的父亲和叔叔他们回家后，小马可·波罗天天缠着他们讲东方旅行的故事。这些故事引起了小马可·波罗的浓厚兴趣，使他下定决心要跟父亲和叔叔到中国去。

1271年，马可·波罗17岁时，父亲和叔叔拿着教皇的复信和礼品，带领马可·波罗与10多位旅伴一起向东方进发了。他们从威尼斯进入地中海，然后横渡黑海，经过两河流域来到中东古城巴格达，从这里到波斯湾的出海口霍尔木兹就可以乘船直驶中国了。

然而，这时却发生了意外事件。当他们在一个镇上掏钱买东西时，被强盗盯上了，这伙强盗趁他们晚上睡觉时抓住了他们，并把他们分别关押起来。半夜里，马可·波罗和父亲逃了出来。当他们找来救兵时，强盗早已离开，除了叔叔之外，别的旅伴都不知去向了。

马可·波罗和父亲、叔叔来到霍尔木兹，一直等了两个月，也没遇上去中国的船只，只好改走陆路。

这是一条充满艰难险阻的路，是让最有雄心的旅行家也望而却步的路。他们从霍尔木兹向东，越过荒凉恐怖的伊朗沙漠，跨过险峻寒冷的帕米尔高原，一路上跋山涉水，克服了疾病、饥渴的困扰，躲开了强盗、猛兽的侵袭，终于来到了中国新疆。

一到这里，马可·波罗的眼睛便被吸引住了。美丽繁华的喀什、盛产美玉的和田，还有处处花香扑鼻的果园。

马可·波罗他们继续向东，穿过塔克拉玛干沙漠，来到古城敦煌，瞻仰了举世闻名的佛像雕刻和壁画。接着，他们经玉门关见到了万里长城。最后穿过河西走廊，终于到达了上都，元朝的北部都城。这时已是1275年的夏天，距他们离开祖国已经过了4个寒暑了！

马可·波罗的父亲和叔叔向忽必烈大汗呈上了教皇的信件和礼物，并向大汗介绍了马可·波罗。大汗非常赏识年轻聪明的马可·波罗，特意请他们进宫讲述沿途的见闻，并携他们同返大都，后来还留他们在元朝当官任职。

聪明的马可·波罗很快就学会了蒙古语和汉语。他借奉大汗之命巡视各地的机会，走遍了中国的山山水水，中国的辽阔与富有让他惊呆了。

马可·波罗先后到过新疆、甘肃、内蒙古、山西、陕西、四川、云南、山东、江苏、浙江、福建以及北京等地，还出使过越南、缅甸、苏门答腊。马可·波罗每到一处，总要详细地考察当地的风俗、地理、人情。在回到大都后，又详细地向忽必烈大汗进行汇报。

在《马可·波罗游记》中，马可·波罗盛赞了中国的繁盛昌明、发达的工商业、繁华热闹的市集、华美廉价的丝绸锦缎、宏伟壮观的都城、完善方便的驿道交通、普遍流通的纸币等。

书中的内容，使每一个读过这本书的人都无限神往。17年很快就过去了，马可·波罗越来越想家。

1292年春天，马可·波罗和父亲、叔叔受忽必烈大汗委托，护送一位蒙古公主到波斯成婚。他们趁机向大汗提出回国的请求。大汗答应他们，在完成使命后，可以转路回国。

1295年年末，他们三人终于回到了阔别24载的亲人身边。他们从中国回来的消息迅速传遍了整个威尼斯，他们的见闻引起了人们的极大兴趣。他们从东方带回的无数奇珍异宝，一夜之间使他们成了威尼斯的巨富。

在当时，意大利四分五裂，各个港口城市之间的竞争很激烈，热那亚虽然在发展时间上要晚于威尼斯，但是在商业经济和海权方面却一点都不比威尼斯逊色。当时热那亚和威尼斯这两大贸易港由于商业上竞争的关系，形成了水火不相容的局面。双方为了保护自身的利益，分别派出了强大的舰队担任护航。

为了抢夺财物、占据贸易优势，热那亚舰队与威尼斯舰队经常开战，打打杀杀几十年来从未断过。

1298 年，马可·波罗参加了威尼斯与热那亚的战争。敌对双方的阵容中，威尼斯拥有舰只 95 艘，热那亚则有 80 艘。战争双方势均力敌，威尼斯方面稍占优势。两支舰队相遇，立即展开激烈的战斗。在一场混战中，有的船相撞，有的船起火燃烧，许多水手从船上掉到大海里去。

因为威尼斯方面战舰较多，所以在战争初期占据优势，但是当时的船舶都是帆船，依靠风力行驶，战争相持阶段风向突然之间转变，热那亚舰队乘机发动猛烈的反攻，威尼斯舰队惨遭失败。

9 月 7 日，马可·波罗像所有战败的士兵一样成为俘虏，被戴上脚链，关进热那亚的监狱里。在狱中，马可·波罗遇到了作家鲁思梯谦，于是有了马可·波罗口述、鲁思梯谦记录的《马可·波罗游记》。

马可·波罗在世的时候，正是欧洲中世纪暗无天日的时候，绝大多数欧洲人认为这是神话，被当作"天方夜谭"，很多人讥笑他是"吹牛大王"，甚至连"马可·波罗"这个名字，也被人当作"吹牛皮"的代名词来使用。

当哥伦布出生的时候，马可·波罗已经去世 130 多年了，而这个时候意大利却兴起了文艺复兴运动。《马可·波罗游记》作为欧洲人的第一本亚洲游记，也在这个时期产生了重要的影响。

《马可·波罗游记》记述了马可·波罗在东方最富有的国家——中国的所见所闻，激起了欧洲人对东方的热烈向往，对以后新航路的开辟产生了巨大的影响。

《马可·波罗游记》大大丰富了欧洲人的地理知识，打破了宗教的谬论和传统的"天圆地方"说。西方地理学家还根据《马可·波罗游记》书中的描述，绘制了早期的"世界地图"。

哥伦布对于这本书十分着迷，从一开始读这本书，就再也无法停下来了。他怀着异常兴奋的心情，完全沉醉于故事之中，觉得自己仿佛就是马可·波罗。对于书中对"黄金之国"中国的描写尤其让哥伦布向往，书中用极度诱惑性的语言写道：

> 位于亚洲大陆东方的这个国家，住着黄皮肤的人，他们很有礼貌，又有高度文化，物产也很丰富。
>
> 那里有取之不尽的黄金，但是国王却禁止输出，而且因为该地民风很保守，东西交通又极为不便，所以西方的商人也没办法和他们来往。
>
> 那里的黄金真是多得不可胜数。统治者所住的宫殿屋顶上都是用黄金修葺的，宫殿内的房间和道路铺着厚达4厘米的纯金板，窗户是黄金制成，玫瑰色的珍珠也出产得很多。
>
> 人死了以后，要把珍珠含在嘴里埋葬。此外，那里宝石的产量也极其丰富。

多么华丽的语言，哥伦布将书合上，他仿佛已经看到了那片遍地黄金的土地，看到了那一个神秘的东方古国。

哥伦布心中立下了宏愿，他一定要到马可·波罗所描绘的那片遍地黄金的土地上看一看。只是，这条路在何方呢？

首次担任船长出海

哥伦布第一次下海是在 1461 年，那一年，小哥伦布还只有 10 岁，14 岁的时候，哥伦布下定决心，要投身于伟大的航海事业。而要想完成这个心愿，哥伦布还需要两个条件，一个是要学会更加丰富的知识，另一个则是要征得父亲的同意。

当时欧洲正处在中世纪末期，统治尤为黑暗。强大而又居于统治地位的天主教会当局认为地球的中心在耶稣基督诞生之地，并且宣扬地球位居宇宙中心，本身并不动，而是太阳在绕着地球转动。

在这样的情况之下，当时的天文学、地理学和数学等学科都在天主教的压制之下，人们只能服从天主教会的思想。一旦在公开场合发表与此不同的说法，就被看作异端邪说，就会被架上火刑架活活烧死。

但是，科学的进步，人类对于世界的认知是大势所趋，是无法阻挡的。阿拉伯人和伊斯兰教的学者们长期以来致力于数学和天文学的研究。经过他们的不懈努力，已经测定出了纬度，算出了地球圆周的数值，并且将这方面的知识应用到航海上，利用指南针，自由自在地航行于印度和非洲之间的海洋。

精通四国语言的哥伦布很快就沉浸在知识的海洋中，根据各种书本的知识，他渐渐发觉欧洲的地理学者犯了一个错误。而哥伦布也开始渐渐相信地球是圆的。掌握了各种航海知识，哥伦布觉得自己应该去找父亲谈一谈。如果不能取得父亲的同意，他的前途还是未知数。

"爸爸。"

"哦，哥伦布，我的孩子，看你一本正经的样子，有什么事情吗?"父亲一脸温和地说道。

"爸爸,有一件事情,我想跟您商量一下。"哥伦布说话有点吞吞吐吐,但最终还是鼓起了勇气。

"让我猜猜看,哥伦布,你是想去当船员,对不对?"父亲对于哥伦布可谓是了解甚深,一看就知道孩子心中想的是什么。

"爸爸,我都还没有说,你怎么知道的?"哥伦布被父亲说出自己心里想说的话,不禁吃了一惊。

"哈哈,哥伦布,你有什么心事都写在脸上了,我还能看不出来吗?其实我年轻的时候,也是向往着做一个船员的,但是后来你爷爷把我送去当了纺织工人,爸爸也就放弃了自己当船员的梦想了。你既然梦想去当一名船员,爸爸支持你,我不会反对的。"父亲语重心长地对哥伦布说道。

"呀!爸爸,那您是同意了?"

本来硬着头皮准备挨骂的哥伦布,看见父亲一下子就同意了他的要求,不禁感到很意外。

父亲宠溺地摸摸哥伦布的脑袋说:"行了,我的孩子,我答应你的要求了。对在热那亚出生的男孩子来说,向往海洋是天经地义的事。我又有什么权力将我'未来的船长'束缚在家里呢?"

很显然,父亲对于哥伦布的外号也是了然于心的,听见父亲这样说,哥伦布反而有点不好意思了。

"爸爸,那都是他们瞎叫的,闹着玩的,当不得真。"话虽如此,但是哥伦布心中还是暗暗下定了决心,他一定会出人头地,成为一名真正的船长的。

年轻的哥伦布挺受船主们欢迎。他聪明、勤快,有的是力气,而且不懂就问。哥伦布什么活都愿意干,总是抢着干别人所不愿意干的脏活、累活。

哥伦布把每一次的出海都看成是学习、锻炼的机会。他珍惜这样

哥伦布·少年航海家

- 15 -

的机会，总是如饥似渴地向有经验的水手们讨教。

渐渐地，哥伦布对于各种船只的名称、功能和特点都非常熟悉了，他能熟练掌握各种桅杆、船帆和缆绳的使用方法了。对于定风向、估计水深、避开暗礁险滩等航海技术也学到了不少。

哥伦布的性格变得含蓄、沉静，但也更加刚毅。他还是经常到海边去，不过不再去捡贝壳，而是要在一天紧张的阅读和学习之后，让海风吹一吹自己发昏的头脑，清醒清醒，好继续看书和思考问题。

认识哥伦布的水手们还是叫他的绰号，不过把"未来的"省去了，只叫他"船长"，水手们还是照例和他开玩笑，但是经常带有几分敬意。

因为在水手们看来，哥伦布已经是一个精通航海和造船技术，懂得4种语言的大人了，他的确可以算得上一个名副其实的"船长"，只是没有船罢了。在热那亚，哥伦布开始有了一点小名气。

一天傍晚，哥伦布照例来到海边，可是在他经常坐着的那块石头上，已经有了一个衣着讲究的绅士模样的瘦老头。

哥伦布正想走开，这位绅士却叫住了他："嗨！小伙子，你就叫克里斯托弗·哥伦布吗？"

哥伦布很有礼貌地点了点头说："是的，先生。"

"请您过来，坐下。"

哥伦布在他对面的一块石头上坐下来。

瘦老头说："恕我冒昧，我们商行想聘请一位懂得航海技术的代理人，准备到葡萄牙、西班牙等地去从事贸易，我选中了你，这就是我今天在这里等你的原因。"

"至于薪水嘛，高于水手，但低于船长，不过这一点还可以商量，主要还是看你的办事能力。"

瘦老头说完，用眼睛盯着哥伦布等候他的回答。

哥伦布立刻站起来，简洁地回答："好！我同意。"

瘦老头高兴地脱去白手套和哥伦布握手，连连说："很好，你是个爽快的年轻人。那么，明天上午，你到码头来吧！"

这年是 1470 年，哥伦布 19 岁。哥伦布第一次成为一名船长掌舵出航，开始了到马赛、突尼斯的远航。航行中，哥伦布除了感受到阵阵的海风外，最喜欢做的事情，就是和老水手们一起聊天，说海上一些惊心动魄的故事。

"孩子们，你们要知道，现在的欧洲是多么的混乱，与伊比利亚半岛上的葡萄牙和西班牙不同，我们意大利并不是一个统一的国家，各个城市和港口在政治上互相对立，彼此都在争取对外的通商贸易。"

"我们热那亚是亚平宁半岛上的一个独立国家，和平时代，我们当然可以跟其他国家贸易经商。可是，一旦发生战争，产生冲突，就必须相互攻打，有时候，船被炮火轰沉，死伤无数，情况相当惨烈！"

"即使没有发生战争，只要发现对方的商船满载货物，就要加以偷袭，把货物抢来占为己有。说起来，这种作风固然是蛮横无理，可是，你不这么做就会吃亏的。因为，你不抢他，他就抢你，这是迫不得已啊！"

这个时候的哥伦布虽然已经是临时船长，但和船上的其他年轻海员一样，听到老水手的这些话，一腔热血都沸腾起来，这也更增强了他冒险的决心。

年轻的哥伦布已经成长起来了，他去过爱琴海、葡萄牙、英国，还去过西非的黄金海岸。

在这一段时间里，他的航海知识更加丰富了，船舶驾驶技术也提高了很多，还学会了绘制地图的本领。

指挥海上战争

1470 年，哥伦布家中发生了一起变故。尽管父亲多明尼科是一位深受大家欢迎的老纺织匠，但是由于各种原因，哥伦布家中的纺织生意还是日渐萧条了起来。

这年 3 月，人们委托多明尼科去萨沃纳执行一项重大使命，同那里的纺织工人讨论将毛纺织的价格统一起来。也就是因为这个原因，哥伦布一家搬到了萨沃纳居住。

但是由于商业上的不良竞争，多明尼科同萨沃纳的一位纺织工人波尔托之间产生了冲突，两人发生了一起价格上的诉讼纠纷，结果多明尼科败诉，不得不赔偿给波尔托 30 热那亚镑。

要知道在当时 30 热那亚镑可不是一个小数目，但是哥伦布毅然承担起了这个责任。在以后的日子里，年迈的父亲除了做老本行——纺织工人外，还兼顾经营了一个酒楼，但是因为年纪已老，总是出这样或者那样的差错，一家人被迫更换住宅和职业，以便不使这个家庭成员挨饿。

哥伦布的弟弟巴索洛缪也改了行，去葡萄牙一所专门绘制海图为业的人家那儿学艺。这件事情后来对哥伦布一生的事业起到了意想不到的影响和帮助。

"巴索洛缪这孩子擅长手艺，让他去做绘制海图的工作，比让他实际坐船航海要更适合。好好干吧，不要输给你的大哥。"父亲多明尼科对巴索洛缪也同样表现出了支持的态度。

而哥伦布，则继续在海洋上充任各种临时船长，负责帮助雇主们运送货物，维持秩序。

　　1472 年，哥伦布在一艘海盗船上效力。根据当时的惯例，这种船一边打仗，一边做生意，一边抢掠财物。后来，这艘船被安茹王国勒内二世所租用，被编入海军舰队，参加安茹王国和阿拉贡王国的战争。

　　"哥伦布，今天我叫你过来，是有一项任务要交给你。我得到消息，阿拉贡王国最近会有一艘名为'菲尔蒂斯号'的船开往突尼斯，我给你的任务就是不惜一切代价，将'菲尔蒂斯号'给我拦截下来，你能做到吗，小伙子？"

　　安茹王国勒内二世亲自召见了哥伦布，给他下了一道命令。

　　"国王陛下，请放心，我一定会圆满地完成任务的。"

　　哥伦布率领着他的海船到达圣彼得罗岛之后，派出去打探消息的探子回来报告说："报告船长，大事不妙，'菲尔蒂斯号'周边还有两艘舰船，不是孤舟。"

　　"怎么还会有两艘舰船，该死的国王，竟然没有把这个重大的消息告诉我。"哥伦布心中埋怨不已。

　　很快，"菲尔蒂斯号"周边拥有两艘舰船的消息传遍了哥伦布所率领的船，这个可怕的消息就像是瘟疫一般，让大伙儿惊慌不已，议论纷纷。

　　"天哪，是两艘舰船，我们怎么可能打得过，这下完蛋了。"

　　"返航，我们要求返航，船长，我们不能犯傻，这样做无异于以卵击石，有去无回呀！"

　　"敌我力量悬殊，我们应该先回去，调集护航舰，然后再来解决'菲尔蒂斯号'。"

　　"你别犯傻了，要是等我们回去再出发，这一来一回可是四五天的行程，那个时候'菲尔蒂斯号'早已消失得无影无踪了。"

　　"可是敌人的实力远远高于我们，我们不能拿自己的生命开玩笑。"

船员们议论纷纷，但是谁也没能拿出一个可行的办法。哥伦布静静地听着，心中却产生了一个大胆的想法。

"菲尔蒂斯号"是一艘大三桅帆船，这种船操作起来并不方便，只要找准机会，等到"菲尔蒂斯号"远离两艘舰船的时候，他们就有机会快速地冲上前去，将它俘虏。

热那亚人天生就有一种狂热的冒险基因，哥伦布决定试一试，他把自己的想法向大家说了："事情发展到现在这个地步，已经不是我们所能逃避的了，国王陛下交代给我们的任务是要俘虏'菲尔蒂斯号'，要是我们不能完成任务，国王陛下一定会杀死我们的，与其这样，不如我们赌上一把。愿上帝保佑我们，祝我们旗开得胜。"

"打败'菲尔蒂斯号'，上帝与我们同在。"

哥伦布调动起了大家的战斗情绪。在那个年代，商船与舰船是合二为一的，所有的商船都装备有武器，一方面可以保护自己的货物；另一方面，当遇到比自己弱小的船只时，也能够进行袭击，夺取别人的财产。

这种做法在当时被认为是理所当然的，因此船长等同于军官，而水手都是英勇善战的战士。只要调动起水手们的作战情绪，那么这就是一支百战百胜的水师。

第二天凌晨，海上大雾弥漫，谁也看不清楚对方有几艘船。就在"菲尔蒂斯号"离另外两艘舰船有一段距离的时候，哥伦布率领着船员们以飞快的速度靠近了它。

望着迷雾中如同天降的敌船，笨重的"菲尔蒂斯号"想要反抗已经来不及了，只能束手就擒，哥伦布凯旋。

这是哥伦布生命中的第一次海战，虽然规模很小，但是惊心动魄，哥伦布也在这一次海战中崭露头角，表现出他身为一名船长的卓越领袖气质，为以后无数次的冒险行动打下了一个坚实的基础。

面临生死考验

　　哥伦布的成长速度很快，超过了一般人的想象，现在的哥伦布已经能够在海面上自由地航行了。哥伦布经常受雇于不同的商行，驾驶各种不同的帆船，也到过海洋中许多从前没有去过的地方。

　　哥伦布的航海经验日渐丰富。他喜欢《荷马史诗》，对于《荷马史诗》中描写奥德赛传奇的航海故事的篇章，他甚至能够完整地背诵出来。"只要有雄心，没有做不成的事。"这句话是哥伦布一生行动的座右铭。

　　1476年，25岁的哥伦布终于开始崭露头角，凭借着他10多年来的航海经验和渊博的天文、地理知识，法国军舰聘用他为船长。

　　5月的一天，哥伦布驾驶着船离开了地中海的直布罗陀海峡，和3艘友船在海面上静静地向前航行。夕阳西下，彩霞满天，船上的风帆被映成绚丽的玫瑰色。哥伦布身披风衣，站在甲板上眺望远处。那里，有几艘商船正缓缓驶来。

　　一位身材高大、满脸胡须的部下报告说："船长，已经探查清楚了，对方确实是7艘军舰，他们是从法兰德斯装载了货物，根据情报显示，他们目前正准备回航。船长，你说我们要不要来个偷袭？"

　　"当然。"哥伦布十分果断地说。

　　"可是，我们只有4艘……"

　　"不在数量的多寡，要知道，我们的火力比他们强，士兵们也都勇猛善战，怕什么？"哥伦布打断了他的话。

　　哥伦布低头沉思了一阵，然后说道："这7艘威尼斯军舰，如果说从法兰德斯开出的日子算起，到现在已经5天了，这样说来他们还要7天以后才能到达葡萄牙首都里斯本，我们可以先到里斯本，埋伏在港外等着，以逸待劳，杀他们一个措手不及，这样一来肯定一举成功！"

哥伦布率领的船队，原先计划是前往北海方面通商贸易，而一得到消息说敌国商船装满货物，就立即改变行程，从事正当商业贸易的任务一下子转变成为毫无道德的掠夺行为。

4只友好的羊在一瞬间变成了嗜血的贪狼，他们埋伏在里斯本港外面，静静等待猎物的到来。威尼斯舰船对此毫无察觉，由于他们是返航，船上载满了货物，行进缓慢，比哥伦布预期的时间还要晚了几天才到达他们的埋伏圈。

当时的船只都是靠风力行驶的帆船，水手们必须注意风向以操作布帆，向前推进。一旦出现袭击的船，就得马上把握有利于本船行动的风向，将敌船置于自己的掌握中。

天色微明，东方略略显出一点鱼肚白，哥伦布站在船头，用他锐利的眼睛扫视着四周，向东，隐隐可以看到葡萄牙的群山。向北，敌国舰船渐渐进入了埋伏圈。这时候，四周都静悄悄的，只听见海风吹动帆篷产生"呼呼"的声音和浪涛冲击船身的声音。谁也想象不到，即将有一场激烈的战斗在这宁静的海上发生。

哥伦布巡视了一下友船，所有的船只都已经准备到位，各种兵器炮火都被安装在了船头，只要敌人进入埋伏圈，他们就可以展开行动。

桅杆上的瞭望人员目不转睛地注视远方。突然间，只听得他大声地呼叫："看到敌方的船了！"

哥伦布顺着瞭望人员所指的方向看去，果然，在接近陆地的海面上，有一艘大帆船，扯满了大小帆篷正缓缓地驶近。接着，一艘跟着一艘，全都靠近陆地，向南方驶去。

"发炮！"哥伦布下达了攻击命令。

哥伦布命令水手们全速前进，企图驾驶到敌舰的前面进行拦截，船帆灌满了风，迅速地来了一个大转弯，飞快地向敌船驶去。威尼斯舰船根本没有料到这一场突袭，一时惊慌失措，马上，更糟糕的情况发生了，哥伦布的攻击很快，他们的船连续挨了好几发炮弹，连忙拉开了高高的风帆，企图向港湾那边逃跑。

眼看敌舰就要逃跑了，哥伦布他们怎么能够放过这千载难逢的好机会，当即下令扬帆全速紧追。

敌舰由于载满货物，吃水很深，在行动上当然不及哥伦布的船只轻捷、快速，所以，没有多久就被哥伦布他们的船追上了。

敌船在惊恐之余，一边逃命，一边胡乱发炮还击，怎奈慌乱中根本无法命中目标。

当时的航海还处在原始阶段，海战当然也和现代海军作战方式不同。当时两军开战，双方都是船与船进行单打独斗，双方都尽可能地互相靠近。然后用一种带钩的大铁链扔到对方的船上去，将它钩住，再用力把对方的船拉到自己的船边缘。

等到两艘船彻底地靠在了一起，船上的水手们就冲到对方的船上去，他们手中拿着大刀、短枪，双方进行十分混乱的决战，演变到最后，就是一场肉搏战，而最终的胜利者也必是鲜血淋淋。

"杀啊！"

哥伦布手握长剑站在甲板上指挥作战，有几艘敌船已经着火燃烧，顿时海上浓烟笼罩，火舌四蹿，已难分敌我了。

哥伦布首先挥舞长剑跃上了敌船，勇猛的部下纷纷跟进，喊杀之声不绝于耳。甲板上鲜血四溅，死伤累累。

正在双方厮杀得难分难解时，突然间一支火箭射中了敌舰的仓库，仓库之中装满了火药，被火箭这么一点燃，霎时间引爆了。大火从船舱开始，然后是桅杆，然后是船帆，然后是整艘船，当桅杆被烈火烧得坍塌时，哥伦布的船也受到殃及了，坍塌的桅杆正好倒在了哥伦布的船上，哥伦布的船也着火了。

甲板上浓烟弥漫，呛得人连呼吸都困难，烈焰几乎把皮肤烤焦了，即便是哥伦布戴着金色的头盔也抵抗不住这种热浪。船板通红通红的，不知道是被厮杀的鲜血染红的，还是被大火烧得通红的。

这个时候不管是敌是友，都没有决心战斗了。人类之间的战争如果处于这种情况，自然还是保命要紧。

"大家快跳进海里，不要再打了。"紧要关头，哥伦布朝着大家发出了最后一道命令。

其实不用等哥伦布下令，大家也都已经跳进海里了，这个时候已经没有敌我之分，大家都忍受着痛苦的煎熬，各自逃命。

当哥伦布正准备跃入大海，泅水逃离时，忽然轰然一声巨响，原来是自己船上的火药库爆炸了。

爆炸的速度很快，就在一瞬间，船身被炸得支离破碎。哥伦布还没有反应过来，就从船上飞来一块木板，很不幸，击中了哥伦布的左脚。

脚上传来一阵剧痛，哥伦布已经没有办法游泳了。

"我不能死在这里，我还有很多未竟的事业。"哥伦布对自己说。

哥伦布面临着生死考验，他的头刚刚被烈火烤过，现在又被海水浸湿了。他似乎清醒了不少。一种求生的欲望支撑着哥伦布，让他奋力向前游动。

流落到葡萄牙

哥伦布奋力游动着，但是大海茫茫，彼岸似乎就在前面，可又像是很遥远。哥伦布感觉到自己的力气快用完了，然而彼岸还是那么的遥不可及。

一种绝望的心情浮现在哥伦布的心头，难道我的生命就这样要结束了吗？难道我从少年时期就开始不断学习和掌握航海知识，就这样随自己沉没海底了吗？

不！我不甘心！哥伦布心中在呐喊，我不能就这样死去，我还有自己的梦想，黄金国，对，就是黄金国，我还没有找到东方那个遍地都是黄金的神秘国度。

我不能死！

哥伦布心中这样对自己说道，于是一股强烈的求生欲望又涌起在他的心间，哥伦布又向前游动了一大段距离。

虔诚的上帝信徒哥伦布这个时候在心中呐喊："上帝啊，求求你拯救我这个迷途的羔羊吧，给我一根救命稻草吧！"

说来也巧，就在哥伦布心中不屈地大声呐喊上帝的时候，上帝还真的向他伸出了援助之手，就在哥伦布身前不

远处，一根船桨随波浪飘荡了过来。

"船桨，哈哈，我有救了，感谢上帝。"哥伦布心中狂喜，他伸出疼痛的双手，紧紧抓住那根船桨。

这根船桨成了哥伦布的生命依托，有了它，哥伦布终于不再担心自己会因为没有力气而沉入海底，而等到他积蓄了一定力气的时候就继续向前游动一会儿。

最后，哥伦布实在没有力气了，就紧紧抱住这根船桨，疲劳得睡了过去，任由船桨将他送到遥远的岸边。

"大家快来看哪，这里还有一个人。"海滩边，一个出海捕鱼的渔民发现了昏迷中的哥伦布。

他们是葡萄牙首都里斯本的居民，发生在海面上的那场激烈的海战他们都看到了，趁着天明，他们就自发地出来寻找、搭救幸存者。

"我来看看，嗯，心脏还在跳动，这个小伙子还活着，太好了。"一个看上去像是医生的人对哥伦布经过一番简单的检查之后说出了这样一个好消息，"快，把他送到我的房间去，这个小伙子的脚受伤了，我们要赶快给他治疗。"

居民们七手八脚地把哥伦布抬起来，送到了那名长者的家中，简单地处理了一下伤口。

当哥伦布醒来的时候，已经是傍晚时分了。

"年轻人，怎么样，感觉还好吗？"老伯看到哥伦布醒过来了，善意地问道。

"感谢老伯救命之恩，请问老伯，这是什么地方？"

"是葡萄牙，这儿离里斯本不是很远。"

里斯本是葡萄牙的首都，港口有很多的外国船只出入。因此，许多优秀的船员都聚集在那里。而且哥伦布的弟弟巴索洛缪也在葡萄牙工作，在这里，哥伦布完全能够很好地生存下去。

"太好了！葡萄牙正是我心里向往的国家，感谢上苍把我带到这

里来。"

心地善良的长者安慰他说："你脚上受了伤，行动不便，不妨先住在我这里休养几天。"

"谢谢老伯，您的好心使我感激不尽！"

经过几天的调养，哥伦布脚上的创伤已经渐渐愈合了，于是他告别了老者，独自向里斯本出发了。

几天之后，哥伦布来到了里斯本的码头，他走路仍有点不方便，衣衫破旧。但他身材高大、体格健硕，看起来气色很好，而且精神饱满。由于他常年在海面上和怒浪波涛相争斗，精神和肉体上都显得格外的成熟，看上去很有魅力。

里斯本不愧为一个大商埠，港湾里大小船只桅杆林立，显得异常热闹，岸边装货、卸货的人们忙个不停。

岸上有形形色色的人穿梭来往。有的是黝黑的皮肤、厚厚的嘴唇，头上顶着货物的非洲土著人；也有衣着华丽，身佩短剑，蓄了一撮短须的高贵绅士；更有一些身上散发出东方高贵香料气味的漂亮淑女……这些都是哥伦布在热那亚从未见过的。

哥伦布在岸旁的一块石头上坐了下来，以好奇的眼光浏览码头上的景色。卸货工人的"吭哧"声、满载货物的车轮转动声、马匹嘶叫声，交织成一幅生动的图画。

"怎么样，里斯本还不错吧！"

哥伦布正看得出神，突然有一位年老的水手模样的人站在他面前，对他笑道。

"是的，这里看上去很繁荣，一个伟大的港口。"哥伦布也向他微笑答礼，并请他在自己的身旁坐下。

"我注意你很久了，年轻人，你是个外国人吧？"老水手坐到了哥伦布身边，拿起烟卷吸了起来。

"是的，老伯。"

"看吧，里斯本很热闹是不是？这一切都在告诉我们，10 多年前的我们的王子精神仍然存在着。"

"老伯，您所说的王子是……"

"哼，你这个外国人当然不知道了，我所说的王子就是我们葡萄牙现在国王的叔父，他非常热衷于航海，因此人们给他起了个外号叫'航海王子'。"

"是不是那位亨利王子？"很显然，精通四门语言的哥伦布也听说过关于亨利王子的传说，那可是一位真正的航海先驱呀！

航海，是人类在海上航行，跨越海洋，由一方陆地去到另一方陆地的活动。在从前是一种冒险行为，因为人类的地理知识有限，彼岸是不可知的世界。而现代意义上的航海，则要追溯到葡萄牙亲王亨利王子。亨利王子的全名是唐·阿方索·恩里克，他是葡萄牙国王若奥一世的三王子。

据说亨利王子诞生时的星象预示他"必将进行伟大而高贵的征伐，更为重要的是，他必将发现他人无法看到的神秘的东西"。

亨利从小学习战略和战术、外交艺术、国家管理、古代和现代的知识，而且博览群书。作为王子，亨利向往历险、战斗的生活。

同时，亨利王子还是一个虔诚的基督徒，在他看来，对摩尔人进攻，到未知的地域探索并把基督教带到那里是一个基督徒的职责。

1415 年，亨利亲任统帅突袭休达，事先摩尔人一点也不知情，结果仅用了一天时间，休达就被攻陷，葡萄牙人仅阵亡了 8 人。后人把这看作是葡萄牙人，也是欧洲人向外扩张的开端。

1417 年，摩尔人的军队包围了休达，亨利又率领援兵来到休达，并在那里度过了 3 个月，这是改变世界历史的 3 个月。

当时的中西方的贸易路线主要是陆路交通，虽然葡萄牙的航海业一直十分发达，但是，亚洲的产品还是要靠地中海的威尼斯或热那亚的商人来供应。从亚洲各地由商队运来的各种各样的商品，一般都是

会聚到素有"文明十字路口"称誉的君士坦丁堡的市集来销售的。

而这个集市是在信仰穆罕默德的伊斯兰教教徒控制之下。伊斯兰教和欧洲人所信仰的天主教是互相对立的宗教，所以他们和欧洲的商人不相往来。但是，威尼斯和热那亚的商人却是例外，他们和伊斯兰教徒之间订有特别的协定，可以通过转手买到亚洲的商品。

至于欧洲人，如果他们想要购买亚洲的香料、珠宝、瓷器和布料的话，就只有付出高昂的代价，向威尼斯和热那亚的商人购买。

欧洲人一直想要解决这个问题，但是陆路交通掌握在他国手中，而他们唯一的出路是海洋，但是当时由于缺乏地理知识，人们认为海洋中居住着魔鬼，或者各种海怪，谁也不敢深入航行。

就是在亨利王子驻扎休达期间，他从战俘和商人口中了解到，有一条古老而繁忙的商路可以穿过撒哈拉大沙漠。穿过那条商路，经过20天就可以到达树林繁茂、土地肥沃的"绿色国家"，即今天的几内亚、冈比亚、塞内加尔、马里南部和尼日尔南部，从那里可以获得非洲胡椒、黄金、象牙。

葡萄牙人对从陆路穿过沙漠是没有经验的，亨利王子有了一个大胆的想法，要从海路到达"绿色国家"。这一主张得到了国王若奥一世的赞同。

亨利对政治毫无兴趣，他到远离政治中心里斯本的葡萄牙最南部的阿加维省任总督，并在靠近圣维森特角的一个叫萨格里什的小村子定居下来，这个地方成了他以后几十年中到陌生地方进行探险的出发地。

亨利王子对航海的贡献不是亲自去探险，而是大力推动探险的进行。他在那里创办了一所航海学院，培养本国水手，提高他们的航海技术。设立观象台，网罗各国的地质学家、地图绘制家、数学家和天文学家共同研究，制订计划、方案。广泛收集地理、气象、信风、海流、造船、航海等种种文献资料，加以分析、整理，为己所用。

亨利王子还建立了旅行图书馆，其中就有《马可·波罗游记》，还收集了很多地图，并且绘制新的地图。亨利王子还资助数学家和手工艺人改进、制作新的航海仪器，如改进从中国传入的指南针、象限仪、横标仪等。

在航海中，船只是最为重要的，由于地中海和大西洋的航行条件不同，在地中海中航行的船是不适合在大西洋中航行的，因此，亨利的最大精力放在了造船上。

1419 年亨利派出了他的第一支仅有一艘横帆船的探险队，向南寻找几内亚。船被风吹向了西方，他们意外发现了马德拉群岛。

亨利王子随后宣布该群岛属葡萄牙所有，并且派出了殖民船队。后来这里成了葡萄牙探险队的落脚点和物资供应站。亨利王子又数次派出探险队从两个方向进行探索。一个方向是沿非洲海岸南下，一个方向是离开海岸向西南深处航行以发现更多的岛屿。

亚速尔群岛的发现和殖民对以后葡萄牙探险和殖民事业有重要影响，因为它与葡萄牙的距离几乎相当于葡萄牙跨越大西洋到美洲距离的 1/3。

早在 1341 年至 1346 年，加泰罗尼亚与葡萄牙的航海家曾经沿着非洲西海岸南航 900 海里，直至博哈尔角。

博哈尔角以南对当时的欧洲人来说是一个全然未知的世界，那里暗礁密布，巨浪滔天，有神秘莫测的急流，阿拉伯人把这片海域恐惧地称为"黑暗的绿色海洋"。中世纪阿拉伯地图上，在博哈尔角稍南的海岸边，画着一只从水里伸出来的魔鬼的手。

1434 年，在经过 10 多次的尝试后，亨利王子的远征队终于在船长吉尔·埃亚内斯率领下越过了该角。

"在黑暗的绿色海洋上航行就像在国内的水域上航行那么容易。"埃亚内斯船长回到葡萄牙之后这样吹嘘说。这一壮举大大鼓舞了葡萄牙的水手们。

第二年，埃亚内斯又再次出海到达了博哈尔角以南 100 海里的地

方，他们在那里的海滩上发现了人和骆驼的足迹，证明了这一地区是有生命存在的。

1436 年他们到达一个叫尼奥·得·奥罗的地方，在那里他们发现了沙金，以为那就是欧洲人一直在寻找的金河，其实这甚至不是一条河，只是一个小海湾，并无多大价值。

在杜亚尔特统治期间，国王把马德拉群岛 25% 的税收作为航海基金。1438 年阿方索五世继位，摄政王佩德罗把博哈尔角以南的航海与贸易垄断权交给亨利，并免除航海所得收益的一切税金。

为支持亨利在西非传教，教皇任命亨利为骑士团团长，亨利可随意支配该骑士团的经费。以上支持保证了亨利航海的雄厚资金，是航海探险迅速推进的动力。

亨利王子曾三令五申地告诫他的船长，要同被发现陆地上的土著人和睦相处，主张在那里进行和平的殖民。这就是被后人称道的地理大发现。后来，葡萄牙王室受到寻找黄金、贩卖黑奴等物质利益的驱使，地理大发现变成了武力征服和掠夺，演变为残酷的殖民主义统治和压迫。

1444 年，葡萄牙船队到达了布朗角的塞内加尔河口附近，这里的海岸变得青翠，植被繁茂，这样经过 10 多年的航行，葡萄牙终于到达了绿色国家。但是航海人员并没有找到黄金，却发现了一些繁荣的黑人王国，并且听说远处还有更大的王国。

亨利王子一生中虽然只有 4 次海上航行经历，而且都是在熟悉海域的短距离航行，但他仍无愧于"航海家"的称号。

老水手听到哥伦布这么一问，顿时笑眯了双眼，连连点头说："不错，不错，想不到，你这位年轻人竟然知道我们王子的名字！就是亨利王子。"

当时，苏伊士运河还没有开通，意大利的商人在土耳其的君士坦丁堡和黑海海滨设立了贸易市场，独占和东方的贸易，把东方的珍奇物品贩运到欧洲出售，从中获得极大的利润，使得别的国家既羡慕又嫉妒。

那位老水手滔滔不绝地继续说下去："亨利王子希望把意大利商人独占的东方贸易夺取过来，经过一番研究，听说可以从非洲找出一条新航路。因此，一再派遣探险船队去调查非洲西海岸的情况，同时，也希望发现一些新岛屿。"

"为了这件事，王子不知耗费了多少心血和钱财。可惜的是，他还没有发现到东方去的道路就含恨而终了！"

"幸好，现今的国王继承了亨利王子的遗志，继续热心地开辟这条新航路，所以，很多的船员以及怀着淘金梦的人们纷纷涌到里斯本来，绞尽脑汁想要参加这支探险队，里斯本也就因此热闹起来了。"

老水手咽了一口唾沫，又继续发表他的宏论："年轻人，你知道吗？以前在这里有一个传说，说从我们这里到遥远的西方海上，有一座高山耸立的岛屿，晴天的时候看不见，下雨天的时候又看得很清楚。"

"后来这件事情被国王听说了，他立刻派出探险船，可是探险队找了大半个月却连影子都没有找到，你说奇怪不奇怪？"

老水手讲得口沫横飞，兴奋异常。哥伦布却在一旁静静地思索。心想："西方海上有一个大的岛屿……是西方的新陆地也说不定……假如我们一直向西航行，将会有什么发现呢？"

哥伦布与生俱来的丰富想象力，就像是展翅翱翔的鸟儿一般，对于身旁的喧闹、嘈杂根本充耳不闻，他的视线一直凝望着大西洋水平线的那一端，一颗心早就飞到遥远的西方去了。

在那水平线上，哥伦布恍惚之间看到了一个奇怪的山坡，像是一座山的影子，山顶上有一座巨大的宫殿，上面还发出一阵阵耀眼的金色光芒，和传说中的东方皇宫一样，耀眼迷人。

啊！东方，美丽的黄金国，我一定要找到你。

当哥伦布的思绪重新回到现实中时，那位老水手早已不知去向了。他站起身来，大步迈向里斯本，开始自己的新生活。

大航海序幕

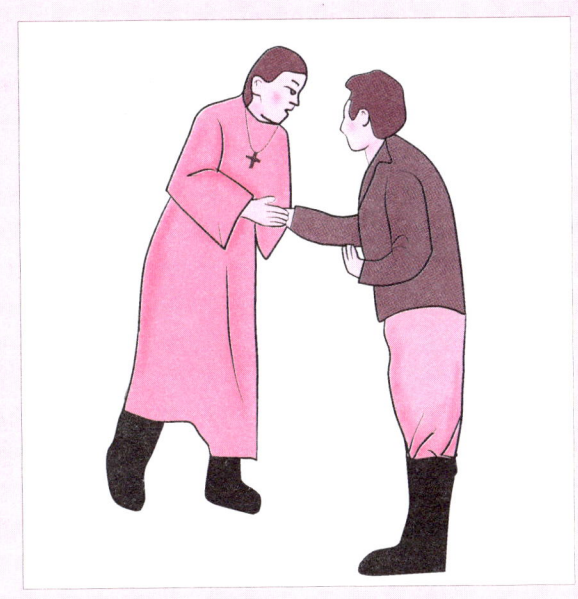

我必须再回到海上，到那孤寂的海天之间……因为潮水奔腾的那种强烈的夜行的呼唤，确实叫人无法拒绝。

—— 哥伦布

同莫妮兹结为伉俪

哥伦布走在里斯本的大街上，他在第一时间被这里的异国情调迷住了，里斯本是一个生机勃勃的城市，这里店铺兴旺，人来人往，到处都是一片繁荣的景象。

"哥哥，真的是你，你怎么来里斯本了？"

突然之间，哥伦布的身后响起了一个声音，哥伦布转身一看，竟然是自己的弟弟巴索洛缪。

"哈哈，弟弟，我也没有想到会在这里遇到你，我的船出事了，狂风恶浪把我送到了这里。"

哥伦布虽然知道自己的弟弟就在里斯本学习制图，但是能够在街头巧遇，他还真的有点不敢相信自己的眼睛。巴索洛缪比哥伦布小10多岁，但是在家庭发生变故之后，他已经在里斯本独立生活了好几年，现在他已经是里斯本一个小有名气的制图师了呢！

"哥哥，你没事吧，看你的样子还受伤了，先到我那里去，我们好好聚聚。"

"行，那就打扰了，我还正愁怎么找你呢，没有想到咱们两兄弟心意相通呀，哈哈。"

回到了巴索洛缪的宿舍，两兄弟互相了解了各自这几年来的情况，自然又是一番感慨。里斯本的地图生意十分兴隆。从地中海开往北欧方面的船只必定要路过里斯本，很多人顺便买张航海图回去。

巴索洛缪一本正经地说道："哥哥，我正准备在里斯本开一家制图店呢，没有想到上帝就把你送到我身边了，哥哥，我们一起努力开一个制图店吧？"

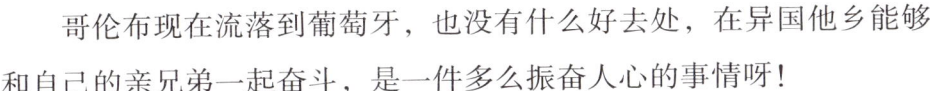

哥伦布现在流落到葡萄牙，也没有什么好去处，在异国他乡能够和自己的亲兄弟一起奋斗，是一件多么振奋人心的事情呀！

哥伦布兴奋地说道："好，就这么定了，咱们还像小时候一样，你负责制图，我负责销售。"

兄弟俩决定大干一场。说做就做，租店面，跑印刷厂，联系货源，一家出售书籍和制作海图的小店面开张了。

葡萄牙是最早在大西洋沿岸发展航海业、造船业和印刷业的国家，当时葡萄牙的首都里斯本被称为"海上冒险者的天堂"。

水手们很喜欢逛哥伦布兄弟的制图店，对他们来说，一张新的海图能够打开他们一个新的梦想。反过来，水手们的到来也能够让哥伦布了解到外面更多的航海趣闻。哥伦布总是如饥似渴地倾听他们所说的每个故事，留意他们说的每一个细节，当他们说到一些新地名和刚发现的岛屿时，哥伦布常常怦然心动。

在和水手们的交谈中，哥伦布获得了很多有用的信息，这一方面可以让弟弟绘制更加具备吸引力的新海图，另一方面也刺激着哥伦布那颗渴望冒险的心。

"嗨，老哥，又从波旺角回来了呀？"

"兄弟，最近还好吗，看你的脸色像是去非洲转了一圈啊！"

"什么？你又去了北海，那里的天气真的很糟糕。"

因为哥伦布掌握了四门语言，所以在和这些水手们交流时毫无困难。

哥伦布不但是一个富于冒险精神的男子汉，也是一位虔诚的基督教徒，每逢星期日，他都要去里斯本的大教堂中做弥撒。

在教堂，哥伦布遇上了一个美丽的金发女孩，她的名字叫作费丽芭·莫妮兹。

"先父在生前也非常喜爱航海呢！"莫妮兹微笑着说。

莫妮兹的父亲，是意大利的一名骑士，不久前刚去世。他生前曾

是亨利王子手下的一名极为干练的航海家，也曾担任葡属波德·珊特岛的总督。

在航海生活中锻炼成一副壮健体魄的哥伦布，使莫妮兹觉得他有点像父亲。两人因为总是在一起做弥撒，渐渐地交上了朋友，之后两人陷入了热恋中，终于结成了夫妻。

结婚以后哥伦布更加努力地工作了，虽然莫妮兹没有得到她父亲的任何遗产，但是有哥伦布这样一个能干的丈夫，他们的日子倒也还过得去，甚至还把岳母也接过来一起生活。

莫妮兹的母亲很赏识这位女婿，知道他热心于航海探险，因此经常讲一些亡夫以前的航海经验和探险事迹给他听。亡夫留下来的一些海图、航海日志以及各项记录等也一并给了哥伦布，这些资料对哥伦布日后的帮助甚大。

哥伦布与弟弟两人的制图店生意越来越火爆，但是哥伦布的生活还是很节省，因为他每个月还要寄钱给热那亚的老父亲，还要供养未成年的弟弟和妹妹。

后来，哥伦布和妻子乔迁到岳父生前做过总督的波德·珊特岛，他也因此取得了葡萄牙国籍，而这个时候，妻子终于继承了她父亲的遗产。

就在这个岛上，哥伦布和妻子莫妮兹开始了他们婚后最幸福的一段日子，不久之后哥伦布的第一个儿子出生了，哥伦布为他取名为迪亚戈。

首次提出地圆说

哥伦布的妻子莫妮兹有一个妹妹嫁给了一个叫作克莱欧的人，他是当地很有名望的航海家，曾经也当过岛上的总督。

哥伦布和克莱欧的关系很好，因为两个人都是航海家的缘故，所以很谈得来，在很多方面的兴趣爱好都相同，感情也日渐深厚。

有一天，克莱欧兴冲冲地跑来对哥伦布说："哥伦布，告诉你一个好消息。"

"什么好消息？你快说。"

"我刚刚得到消息说，从玛德拉岛向西航行300海里，可以看到3座岛屿。"

"这可真是一个令人兴奋的消息！前几天我也曾听人说过，有一位船员在爱尔兰的西面意外发现了一块陆地，他们推测那就是东方的鞑靼国。"哥伦布欣喜地和他交换意见。

克莱欧赶紧拿出一个本子把哥伦布所说的话都给记录下来，本子很粗糙，上面密密麻麻地记录了各种简单的信息，全部都与航海大发现有关系。

"这样说来的话，我手中记录的证据又多了一份了。"克莱欧非常兴奋地说道。

"这么说，你手中还有其他更多的发现吗？"哥伦布有点好奇地问道。

"是的，关于在海的西方的传说和资料我还听说了不少，就在一年前，我们葡萄牙王国曾经组织了一支探险队前往亚速尔群岛，中途遭遇了一次大风暴，船队偏离了原先的航线，风帆带着船队到达了西方的海面。"

"在那里，船队捡到了一块刻有图案的木片。经过仔细研究，发现那种图案不是用铁器雕刻的，好像是用石器刻的，因为花纹非常粗糙简陋。"

"根据我的猜测，这应该是从西方漂流过来的。如果这项判断正确的话，那么，在我们西方一定有我们所不知道的岛屿或陆地。哥伦布，你觉得我的看法对不对呢？"克莱欧说完以后，盯着哥伦布看，似乎在征询他的意见。

"你的意见我完全赞同，克莱欧，以前我出海航行的时候，在波德·珊特岛海边也曾捡到过这一类的碎木片，这种东西有明显的异国情调，我想那也应该是从西方漂过来的吧！"

哥伦布停顿了一下，像是在回忆什么一般，然后说道："此外，我听说还有人捡到过连根的芦苇呢，这些想必都是从西方漂过来的。"

"什么？那不是古代大哲学家记录在古典书籍上的印度芦苇吗？"克莱欧失声问道，这确实是一个令人震惊的消息。

"也许是吧，现在还不敢肯定，但是倘若真是如此的话，那么这可真算得上是一件惊人的大发现了。"

哥伦布的眼神既谨慎，又热切，显然对于这一切，他也十分想知道确切的答案。

"除了以上几件事情以外，我还听说在弗洛密斯岛发现了几具尸体，既不像非洲人，又不像欧洲人。在亚速尔岛又曾发现过巨大的松树，被海浪冲上岸边，这种松树是当地人从未见过的，假设这些尸体和松树都是从西方漂来的话，那么……"

哥伦布凝神思索，没有搭腔。

克莱欧继续抒发他自己的看法，他说："这几年来，我一直在搜集各项证据，并加以研究，最终我得到的结论是，在海的对面，大西洋的西方一定存在陆地，也许那就是马可·波罗所描述的中国、日本

和印度。"

"我有绝对的理由相信，地球是圆的，只要一直向着西方走，就一定能够找到陆地，当今国王虽然很热心地希望发现绕道非洲到达东方的新航路，但是我认为完全没有必要如此麻烦，只要一直往西航行就可以了，朝着西方走，我倒认为近一些。"

"嗯，有这个可能，但是还要多搜集证据，加以证明，不能这么简单地就下定论。"

哥伦布是一个大胆而又谨慎的人，对于克莱欧的结论他表示一定程度的认可，但是在没有大量确实可信的材料来证明的情况下，他不想就这样轻率地下定论。

波德·珊特岛位于大西洋上，岛上有一个专为来往于欧洲西海岸的贸易船补给食物和淡水的港口。

哥伦布经常从那些过往的船员口中获悉一些新消息和新资料，然后默默地把这些资料详尽地记载下来并一一加以分析和研究。

关于大西洋的西边可能还有陆地的说法，不断萦绕在哥伦布的脑海中，手中搜集的资料越多，他对这个信念就愈加肯定。

哥伦布坚信只要一直往西航行，就能到达东方。不过现在看来，他未免把地球看得太小了。

在当时的欧洲，他们对于世界的认知是三大洲，即欧洲、亚洲和非洲，在欧洲和亚洲之间存在一个无边无际的大西洋。但是在大西洋上还有一个广袤的美洲大陆，却是谁也不知道的。

哥伦布做梦也想象不到欧洲和亚洲之间还横亘着一片广大的陆地和一望无际的太平洋。假如哥伦布事先知道这一点的话，那么他也就会明白自己所坚持的从西方去花费的时间要比南下非洲海岸所花费的时间要短得多是一个多么可笑的错误。

向西航行到达东方的路程要比南下航行消耗更多的时间和精力，风险系数也更高，如果哥伦布知道这一点，也许他就不会冒险出海了，那么发现新大陆的荣耀可能就不会落在他的头上了。

但是历史没有假如。正是因为哥伦布坚定地相信海的西方就是东方，就是那个生产黄金的神秘国度，所以他一心一意游说国王，组织船队向西探险。但是在当时，天圆地方深入人心，教会所宣扬的学说也是上帝居住在天上，地球居于宇宙中心，太阳、星星围绕着地球运转。

虽然在公元前也有一些学者探索、研究关于天体和地球方面的知识，其中也有人认为地球是圆形的，但这种观点不能为一般人所接受。

我们现在已经知道地球是圆的，地球一面围绕着太阳做公转运动，一面围绕地轴做自转运动。

而近代天文学的奠基人是著名的波兰天文学家哥白尼，但是哥白尼的日心说代表作《天体运行论》出版于1543年，是哥伦布死后40年的事情。因此，哥伦布所坚持的地球是圆的在当时的人们看来是一件多么可笑的事情也就可想而知了。他的地圆理论，被人视为荒谬怪诞到了极点。

"如果这个世界是圆形的话，那么，生活在地球那一边的人，不就是要滑倒了吗？又怎么站立得住呢？"

"真是可笑！难道人还能倒着走路不成？"

"完全就是胡说八道！我们是头朝上，脚朝下走路，如果地球是圆的，那另一边的人，岂不是头在下，脚在上么？这还能是人吗？"

"依我看呀，哥伦布没准就是个神经病，在说胡话吧！"

街头巷尾，人们议论纷纷，但是都把哥伦布的说法当作疯子讲疯话，根本没有人肯相信。就连有名的学者和知识渊博的修士，也不把他的话当作一回事。

但是哥伦布却没有因此而灰心、沮丧，他的信念如磐石一般坚定，不可动摇，他的心中充满了对于自己信念的无上激情。

提出 "西航" 想法

哥伦布带着妻子莫妮兹和儿子迪亚戈再度回到了里斯本，珊特岛太小了，哥伦布要想实现自己的西进计划，还是回到里斯本更加合适。毕竟，葡萄牙国王和全国的王公大臣、富贾商人们都居住在里斯本，而且里斯本还有他和弟弟巴索洛缪一起合开的制图店，在这里生活完全不成问题。

"大哥，你的计划进行得怎么样了？"有一天，巴索洛缪结束了一天的工作，看见哥伦布还在制图，就随口问道。

"进展还可以，我已经知道从里斯本到印度之间的距离，根据我们现在所认知的，地球的 6/7 是陆地，1/7 是大西洋，如果说把地球假设成一个圆形的话，那么地球经度 360 度的 1/7 是 51.4 度，一经度按照 50 英里计算的话，也就是 2550 英里而已，可比南下非洲海岸快得多了。"

说到研究的进展，哥伦布那是滔滔不绝，看起来他的心情十分不错。这是他参照了当时著名学者杜斯卡内里的地图和各种书籍，并加以详细计算得到的结果。除此之外，哥伦布还计算出了进行这样一次远航所需要的船只大小、船员人数、食品、武器、贸易品等项目，列出清单之后哥伦布才发现这将是一笔怎样庞大的天文数字，如果没有国家的大力支援，根本难以成行。

"这样说来，只要国王陛下批准，这项计划就可以付诸实施了？"巴索洛缪兴奋地说道。

"唉，"哥伦布长叹一声，十分无奈地说道，"问题就在这里呀！葡萄牙和西班牙连续打了 4 年的仗，现在国库空虚，财政十分困难，恐怕不会轻易支持这项高消耗的探险呀！"

"不一定，哥哥，葡萄牙老国王阿尔方索五世已经逝世，新继位的国王约翰二世对于开辟前往印度的新航线十分重视，只要他能得到亚洲的财富，在战争方面所耗费的钱很快就可以捞回来的。他现在还是拼命在搞东回航道，如果大哥向他提出西回的计划书，也许可以获得他的支持。"

"也好，不管怎么说都可以先试一试。"

于是，在弟弟巴索洛缪的鼓励和支持下，哥伦布开始四处奔走，游说里斯本有点身份的权贵，希望能够得到他们的引荐，晋谒国王。

年轻的国王约翰二世秉承了他叔父亨利王子的遗愿，继续向南开辟前往印度的新航线，听说了哥伦布热衷于航海的事情后，他颇为感动，就让人将他召进皇宫，听他仔细说明。

"横越大西洋向西打开通往印度航道的设想，听起来非常有趣，哥伦布，我想听听你详细的说明。"

"尊敬的国王陛下，我有足够的理由和信心相信，存在一条比东回航道更短的航程用于打开通往印度的新航道，陛下，这是一幅我手绘的世界地图。"

"从上面可以看到，如果我们西进，只需要航行地球 1/7 的距离，就可以到达印度，但是如果向东回航道前往印度的话，却需航行地球的 6/7，聪明睿智的国王陛下，请相信我，向西，我们就能够快速地攫取东方无尽的黄金和香料。"

"你的话很有道理，但是事关重大，我需要召开一次会议，就这项计划提出讨论，等有了结论再通知你吧！"

"恳求贤明的国王陛下，务必要给我以实现这项夙愿的机会。"哥伦布再一次发出了恳求，然后退出了皇宫。

约翰二世心中有些考虑，于是在哥伦布离开之后他就召开了一次会议，参加会议的有贵族、大臣、地理学家和著名的船长等。

"今天召集大家开这个会议，讨论的主题就只有一个，我国已经接二连三地派出探险船，由非洲西海岸向南进发，目的是要发现通往印度的东回航线。但是，截至目前，还没有显著的成就。"

"今天，有一个叫作哥伦布的热那亚人向我提出了西进计划，他说向西航行所需要消耗的时间来得更短一些，在东回计划没有太显著效果的情况下，我们是否应该尝试改用哥伦布的计划呢？"

"尊敬的国王陛下，这件事情万万不可，这个哥伦布我听人说过，他是一个典型的吹牛大王，还有人说他精神有毛病，他的话万万不可以相信呀！"

"一个疯子所说的话又怎么能够当真呢？假如真的按他说的派船出海，岂不是有损我们葡萄牙的荣誉？"

"但是，他的计划确实很周详、牢靠。这不是一个只会吹牛皮的人所能做到的。况且，他的航海经验也很丰富，从前也做过法国的船长。"国王为哥伦布辩解。

"那么，国王陛下，假使这项航海计划成功，哥伦布有什么要求？"一名贵族问道。

"哥伦布希望我能够任命他为贵族，赐以盾形徽章，并且封他为印度副王，将该地全部收益的1/10归他所有，而且在他死后，其地位要由他的儿子来承袭。"

"太狂妄了！"

"太贪心了！"

"这个家伙是一个痴心妄想想要借机发财的投机者，我们不能答应他。"

贵族和大臣们纷纷反对，那些船长们也不愿意看见哥伦布一个人抢占这样的功劳，于是所有参与会议的人就想出了一个阴谋。

几个船长被派到哥伦布的身边，故意去和哥伦布接近，表示对他的构想非常感兴趣，愿意竭尽全力协助他去实现这项计划。

哥伦布对此毫无察觉，还把他们看作是知己，大家聚在一起，经常研究航海的各项细节，计算所需的费用、人员、物资等。就这样，这些心怀不轨的人，把哥伦布探险一事的详细情形摸得一清二楚。

贵族们每天都和国王探讨着关于西进计划的可行性，而哥伦布也天天在等待着国家能够拿出资金来支持他的探险。但是，谁也没有想到，就在哥伦布等待的这段时间里面，由贵族和船长们所组成的探险队竟然从北贾岛秘密出发了。

他们的如意算盘打得响亮，此行顺利的话，那么开辟新航线的功劳可就属于他们了，到时候就没有哥伦布什么事情了。

上帝是公平的，这种耍小聪明和阴谋诡计的奸险行为，上帝是不会让它成功的。

这支船队出发后不久，就在海上遭遇到一场暴风雨的袭击，风帆被吹裂，桅杆折断，船只几乎全部沉没。船上这批人的经验和能力都不足，眼看前面是一望无际的浩瀚汪洋，还不知有多少的惊险和困难在等着他们呢！

这一趟的探险到底有多少成功的把握，他们谁都没有信心，抛妻弃子去冒险，到底所为何来？

这一次的风暴已经够让人丧胆了，他们实在不想再盲目地往前闯，于是掉转头来，狼狈地跑了回来。这些人回来之后，为了隐瞒自己的无能，就在贵族面前不断说哥伦布的坏话，说他的计划是如何的荒谬。贵族们又到国王的面前进谗言诬陷哥伦布。

当事情的真相传到哥伦布的耳中时，他是多么的愤怒，对于这些贵族的小人行为，他感到异常的恶心，对他们也就瞧不上了。

正当哥伦布备尝失意的痛苦滋味时，他的妻子莫妮兹因病去世了！哥伦布几乎完全失去了精神支柱。

"在葡萄牙再待下去也没有意思了，我不如到西班牙去碰碰运气。"哥伦布心中这样想到。

逃难到西班牙

"只要有雄心，没有什么事情是干不成的。"

哥伦布心中这样对自己说道，因为葡萄牙国王的拒绝，所以哥伦布决定前往葡萄牙的敌对国家西班牙。

1484 年的晚秋，哥伦布带着 3 岁的儿子迪亚戈偷偷地溜出里斯本。

约翰二世为了防止哥伦布投靠别国去实现他的计划，因此特意派人监视着他。约翰二世接到监视人的报告，得知哥伦布已经逃往国外时，心想："他这个人果然是一心一意要寻找实现寻找印度航道的探险计划。也许我早该采取断然的措施，准许拨款援助他才对。"

然而，这位年轻的国王却万万没有想到，由于他们拒绝了哥伦布的计划，葡萄牙将要失去多大的利益！事实上，葡萄牙国王是眼睁睁地看着这只已经煮熟了的肥鸭飞走了。

10 月份，哥伦布一路坎坷地从葡萄牙越过国境逃出，出现在了西班牙南部地中海沿岸一个叫作巴洛斯的荒废港口。

哥伦布带着年幼的儿子迪亚戈步履蹒跚地走到巴洛斯的市镇。他们父子俩已经好几天没有吃过一点东西了。

"爸爸，我饿。"儿子迪亚戈坐在哥伦布的肩膀上，一双小手紧紧地抱住爸爸的脑袋。

"哦，是吗？"哥伦布把迪亚戈放到地上，弯下腰指着前边说道："看到没有，那里就是拉比多修道院，到了那里，我去向修道士们要一点面包和水给你。"

哥伦布父子匆匆从葡萄牙逃难而出，身无分文，衣衫褴褛形同乞丐，好不容易才看到这么一座修道院，他心想，今天应该能够吃顿饱饭了。

父子俩摇摇晃晃地来到修道院门口，哥伦布敲响了门，说道："有没有人，求求你们发发慈悲，给我的孩子一点面包和水吧！"

修道院里面有一些善良的人，一个老头看见这对可怜的父子，心中生出了怜悯之意，他马上回去拿出了几块面包和水递给他们父子。

"你也吃一点吧，你的精神状态看起来也不太好。"

"好的，谢谢您！"

哥伦布看见迪亚戈拿起面包就是一顿狼吞虎咽，连忙用眼神制止他说："迪亚戈，忘记我怎么教导你的了吗？在吃东西以前要向耶稣基督和圣母玛利亚表示感谢，做祈祷呀！"

巴洛斯的这座修道院有一位属于佛兰西斯可派教会的贝雷士神父。这位神父可不简单，他知识渊博，交际广阔，还做过当时西班牙女王的忏悔神父呢！

这个时候贝雷士神父刚好从里面出来，听见哥伦布对孩子说的一番话，心中对这个中年人立即有了好感。深具教养而善于观人的贝雷士与哥伦布交谈了几句话，就看出他不是一个平凡的人物。

贝雷士神父以慈祥、同情的眼光打量着这一对落难的父子，大人仪表堂堂，谈吐不凡，想必是一个有身份的人，可是怎么会落到如此地步？

哥伦布父子两人狼吞虎咽地饱餐了一顿以后，精神恢复了不少。

贝雷士神父以一种极为恳切、和蔼的语气问道："请恕我冒昧，不知道你们是从哪里来？"

哥伦布用一点点略带热那亚口音的语调回答说："哎，到处流浪，漂泊到这个地方。"

"听你的口音，好像不是西班牙人，你是从外国来的吧？"

"是的，我出生在意大利，后来移居到葡萄牙。我的名字是克里斯托弗·哥伦布，是虔诚的基督徒，一向从事于航海事业。我在这方面下过很大的功夫，我确信从大西洋一直往西航行，就可以到达东方。"

"我曾经详列计划，请求葡萄牙政府的支援，不曾想这个计划非但没能够得到批准，反而受到一些自命为高贵人士的阴险小人的欺骗。我失意之余，妻子又恰好在此时去世，心灰意冷之下愤然离开了葡萄牙，带着幼小的孩子一路逃难……"

哥伦布喝了一口水，继续说下去："我也曾经带着孩子回到热那亚故乡，侍奉了老父一段时期，心里总想着这个大愿望的实现，于是，我向热那亚政府寻求援助，但是没能引起他们的重视。"

"后来，我又离开了热那亚，前往威尼斯共和国，结果那个地方正在内战，人心惶惶，政府根本抽不出时间和精力来完成这项大事业，我的愿望还不能够实现。"

"我的这个计划，耗资庞大，所需要的船队和辎重也超乎想象，如果不能得到国王的支持的话，没有国家的力量的协助，根本不可能完成，虽然因为这件事情我处处碰壁，弄得倾家荡产，但是我仍未灰心。"

"现在，我一面派自己的弟弟前往英国，向英王亨利六世请求援助；另一面我也自己带着孩子，来到贵国……"

"那你的意思是？"

　　"哎，一言难尽，我本意是想要寻求贵国的援助，恰好我亡妻的妹妹和妹夫住在威尼巴，我想把这孩子暂时寄养在他们那里，以便全力去为探险航海的事奔走，却没有想到沦为乞丐，好不容易才来到这个地方。"

　　哥伦布的精神很差，衣衫褴褛，身体消瘦，但是他一双眼睛却炯炯有神，这个一直受到打击的人，并不为命运所屈服，他依旧坚持自己的信念，向西！向西！一路向西！

得到真心的帮助

拉比多修道院的院长贝雷士神父耐心而仔细地听完哥伦布的叙述，他万万没有想到今天竟然会遇上这样一个拥有远大理想和抱负的人，他心中已经暗自下定了决心。

贝雷士神父心想，眼前的这位中年人，虽然潦倒不堪，风尘满面，但从他优雅的谈吐和高贵的仪态来看，这确实是一位拥有着渊博学识和丰富经验的航海家。

如此一位有理想、有抱负，而且意志坚强的男子汉，说什么自己也应该帮助他才是。

但是贝雷士神父不是冲动的人，他还要小小地考验哥伦布一番，他和颜悦色地说道："你也确实是辛苦了，为了自己的理想和抱负一直不懈追求，但是钱财乃是身外之物，这些黄金和香料与天主比起来，又算得了什么呢？"

"《圣经》告诉我们，人类不仅仅是为了面包而生存，真正的基督徒，不应该一味地追求地上的财富，而要把财富积聚在天国。耶稣也曾经说过，富人要进天国，比骆驼穿过针孔还要难。我刚才看你也信奉基督，我想这么浅显的道理，你应该懂得吧！"

"是的，这个道理我懂。但是我坚定地要进行这项大航海计划，是因为我有着更远大的理想和希望。"

"我认为，整个世界都是一个统一的整体，世界都是神所创造的，地球上的人类，都是兄弟姐妹，都应该并肩携手，和睦相处，互助互爱，大家情同手足，过着无忧无虑的欢快日子。"

"但是在我们世界的东方，还有一些尚未开化的土著民族或者一些不信基督的异教徒，这是为神所不能容忍的，我唯一的愿望就是传播耶稣基督的福音，拯救他们的灵魂，让他们都能获得正确的信仰。"

"为了达成这一心愿，纵然就是牺牲我的生命，我也在所不惜。前往大西洋的西方困难重重，但是我却一直不曾放弃。"

"有人讽刺我，有人贬低我，有人骂我是疯子，有人嘲笑我是想发横财的投机分子，但是对于这些冷言冷语我都不在乎，我一直坚持我心中的信念，哪怕是为此弄得一贫如洗，形同乞丐，但我仍然要奋斗，不达目的决不罢休。"

"而且，即便是我得到了黄金、香料和珠宝，那也绝对不是只图个人的荣华和享受。最近，我常常听到一些消息说回教徒在圣地耶路撒冷破坏耶稣的墓地，残杀基督教徒，这真是令人恐惧。"

"我想，假如我们拥有了这些黄金和珠宝的话，就能够有效地团结基督信徒，保护主耶稣的坟墓，援助我们的兄弟姐妹。"

"我相信天主耶稣基督，一定会助我完成这一理想和心愿的。我完全相信是主耶稣选定了我，给了我勇气，让我去实现这个伟大的航海计划。"

"我是被主选定的人，对于这一点，我一直深信不疑。哪怕我沦为乞丐，哪怕我受尽嘲讽和欺凌，但是这些都不能动摇我的信念。为什么呢？因为主耶稣在上天看着我，他在指引着我，他告诉我必须这么做！"

哥伦布这一番话说得铿锵有力，热情洋溢，激情无限，他那消瘦的身形与他那炯炯有神的目光产生了极具反差的效果，贝雷士神父被他感动了。

德高望重的贝雷士神父学识渊博，他本身也精通地理学和航海学，知道哥伦布并不是痴人说梦，他的计划有着很大的可行性。

贝雷士神父紧握着哥伦布的手说："哥伦布先生，你的意思我已经了解了，我深为感动。这样吧，你们父子俩先在本院住下来，这件事情牵涉广大，着急不得，让我慢慢来想办法。"

一直被人当作疯子和投机者的哥伦布终于遇到了一个真心帮助他的有力人士，这使他兴奋不已。

在贝雷士神父的安排之下，哥伦布的大航海计划终于在巴洛斯的上层社会中流传了开来，一些有涵养有学识的学者们纷纷来到修道院拜访哥伦布。

经过一番讨论，所有有头有脸的人物都相信了哥伦布的理论，他们相信，在海的西边，一定存在着陆地。

最让哥伦布感到振奋的是他得到了当地著名的航海家鲁滨孙兄弟的大力支持，他们兄弟俩不但是有名的航海家，更是小镇上数一数二的大财主，有他们的支持，哥伦布就算得到了一个强有力的后台支援。

"哥伦布先生，你的这项计划很好，我很赞成，我们无论如何要抢先开辟印度航道，好让那些葡萄牙人吹胡子干瞪眼。我们兄弟愿意为你提供航程所需要的探险费用和人员，你出航前千万别忘带上我们。"

贝雷士神父对此也是异常高兴，他决定向西班牙宫廷推荐哥伦布的航海计划和理论，为此，他专门写了一封恳切的介绍信给他的好友费尔南度·德·塔拉裴拉，一位在宫廷拥有显赫权势的神父。

为了让哥伦布能够心无旁骛地进行自己的游说活动，贝雷士神父让他的幼子迪亚戈留在拉比多修道院，由他负责培养教育。

而鲁滨孙兄弟也十分慷慨地送给哥伦布一笔不菲的旅费，好让他在宫廷活动。

1486 年春天，哥伦布准备充足，带着贝雷士神父的介绍信和鲁滨孙兄弟赠送的财帛，怀着远大的理想前往西班牙宫廷。

西班牙的希望

当时西班牙由亚拉冈和卡斯提尔两个王国所组成。

1479 年，亚拉冈国王斐迪南和卡斯提尔女王伊莎贝拉结婚，两个王国合并成一个王国，但是各自管理内政。

当时西班牙一直处在战争之中，在伊比利亚半岛的西边，他们与葡萄牙进行了长达 4 年的战争。在非洲，他们与信奉伊斯兰教的摩尔人征战连年，战事繁忙，打得不可开交。

哥伦布来到宫廷之后才知道国王和女王都不在宫中，他们正在格拉那达督战，没有时间赶回宫廷。

"国家正在打仗，哥伦布先生，请你少安毋躁，等国王和女王陛下回来就好了。"贝雷士神父的好友阿隆索说道。

"我知道，这样一项伟大的航海计划如果那么简单就容易实现的话，那么人类也早就西进了，我会耐心等待的。"

哥伦布暂时在阿隆索的家中住了下来。就在阿隆索的家中，哥伦布有幸结识了一位名叫蓓雅崔克施·恩莉凯丝的贵族妇女。

心地善良的恩莉凯丝总是说些体贴的话来安慰、鼓励哥伦布，两人的关系渐渐地亲密，最后在热恋中结婚。

"国王和女王正在格拉那达督战，不如先去说服一两位公爵，也许能够让这件事情变得顺利一些。"哥伦布心中这样想到，他决定去拜访梅迪纳·西多尼亚公爵。

梅迪纳·西多尼亚公爵出身于西班牙最显赫的首富古斯曼家族，他是整个西班牙最富裕的人，拥有富庶的安达卢西亚地区。他的富裕程度甚至让国王和女王都感到嫉妒。

"印度？"西多尼亚公爵胖乎乎的身躯扭动了一下，不爱活动的他已经在椅子上舒舒服服地足足躺了两个多钟头，这个时候终于费力地抬抬手指，说道："我不管什么印度，我的印度就在这里，看，就在这个西班牙最富庶的安达卢西亚区。"

哥伦布知道，眼前这个胖墩墩的公爵的财富是整个西班牙首屈一指的，如果能够得到他的支持，那么航海的经费将不再是问题。

"尊敬的公爵阁下，印度是一个十分广阔的大陆，那里有着数之不尽的岛屿，到处都是黄金、珠宝和香料……"

哥伦布知道要想打动这个公爵，就只有描绘出一片蓝图。果然，西多尼亚公爵贪婪的目光投了过来。哥伦布明显地感受到其中的炽热，于是他说得更有条理，更加煽情，也更富有诗意了，好像只要几艘船，就能够将这些财富尽数纳入囊中一般。

西多尼亚公爵心动了，他毫不犹豫地说道："我马上让人造船，你要多大的船只我就给你造多大的船只，去吧，哥伦布，去给我带大量的黄金和香料回来。"

哥伦布大喜过望，没有想到事情竟然会这么顺利，说服了这个西班牙最富有的大公爵就让他的事业成功了一半。

但是哥伦布显然高兴得太早了，就在这个时候，国王一纸调令把西多尼亚公爵从他的"印度"土地上调走了。国王和女王也眼红西多尼亚公爵的财富，况且当时西班牙正在打仗，国库空虚，可是西班牙最富有的地区却被这样一个公爵霸占着，妨碍他们支配那里的财富，这种情况怎么可以发生？

城门失火，殃及池鱼。因为西班牙政治斗争的影响，波及了哥伦布的大航海计划，哥伦布只有求助于另一位塞利公爵。

塞利公爵是一个十分谨慎的人，他在听取了哥伦布的计划之后，十分感兴趣地说道："好极了，哥伦布先生，你的计划非常有条理，假如这个计划成功的话，你我都将载入史册，对西班牙来说，这也是一件有益的事情，我将尽我全部的力量来帮助你，你愿意先留在我这里吗？"

"我愿意，公爵阁下，我为您的英明赞叹，感谢您的支持。"哥伦布似乎又一次看到了大航海开始的希望。

塞利公爵是一个言而有信的人，他当即拿出了150万马拉维迪给哥伦布，请他亲自监督3艘船的制造，并且为他准备了一年的食物，以及配备海员和发给海员们的佣金。

船造好了，塞利公爵以极其少见的态度说道："把船开进圣玛利亚港，准备出发，这一次，咱们不达目的誓不罢休。"

哥伦布在塞利公爵的支持下日夜监造大船，眼看就要实现自己的愿望，哥伦布心中的激动可想而知。

两年的时间很快就过去了，但是建成的大船却没能如期远航，这又是为什么呢？原来，塞利公爵是一个谨慎的人，就在他准备出航的时候，他忽然想起一个十分致命的问题。

塞利公爵只是一名公爵，除了国王，谁也没有权力授予哥伦布"海上将军"这样的职衔。他也没有权力授予哥伦布西班牙贵族身份，并且为他配上金马刺。

此外，最为重要的一个因素是当时西班牙正在集权，贵族们的领地正在一块块被王室收归国有，国王和女王都不愿意看到也不会容忍有臣民私自去发现或者占有新领地。

"这件事情，我还是写信给国王和女王陛下禀明一下吧！"

好事多磨，哥伦布也就只有耐下心静静地等待，至少在西班牙，塞利公爵是绝对支持他的大航海计划，并且准备好了一切。现在，就只是需要国王的批示了。

国王的虚荣心

1485 年冬天，两位陛下终于接到了塞利公爵的信，信中说有一个叫作哥伦布的热那亚人有一个伟大的航海计划，他将为西班牙国王增添土地，为两位陛下增添荣誉，他从葡萄牙来，还准备去法兰克。

当时，西班牙正与法兰克交恶，法兰克是西班牙的敌人。伊莎贝拉女王看完信后说道："领地、荣誉、财富，这些东西都不能送给披着狼皮的法兰克人！"

伊莎贝拉女王下令让哥伦布到科尔多瓦来，她要亲自见一见哥伦布，听一听他的想法。

1486 年年初，哥伦布怀着激动与崇敬的心情，终于第一次见到了西班牙的主宰——伊莎贝拉女王和斐迪南国王。

"计划确实设想得很周到，如果能够成功，不仅可以向东方传播基督福音，而且可以透过与亚洲方面的贸易而获得巨大的利益。不过，这件事情也不能由我一个人来作决定。"斐迪南国王说道。

隔了几天，国王再度把哥伦布召去，请他列席会议，对学者、教士和贵族们提出报告。哥伦布取出了随身带来的海图，以稳健有力的语调作了详细的说明。

席中，思想比较迂腐、顽固的教士们纷纷提出："如果说地球是圆的，那么，地球背面的海水岂不是会全部流掉了吗？"

"住在地球背面的人，到底要怎样行走呢？"

哥伦布在一一答复了各人的问题之后，以充满自信的口吻说："我的计划实现以后，一切都可以明白了。"

哥伦布的西进计划早已经打动了国王和女王的心，但是摆在他们面前却有一个关键性的问题，那就是一下子要拿出这么多的金钱来筹备这个计划，以当时西班牙的财政，不免有些捉襟见肘。

伊莎贝拉女王悄悄把身子靠近了丈夫斐迪南，悄声说道："不如把这件事情交给塞利公爵去办，反正他早已经准备好了3艘大帆船，并且做好了一切准备。"

"那怎么行？堂堂西班牙王室的事情，怎么能够交给一个臣民去办？"斐迪南国王显然不同意，"王室的面子，该往哪里搁？这件事情我不同意。"

斐迪南国王下令说："航路的发现固然重要，但是把伊斯兰教徒赶出西班牙，使战争早日了结却是当务之急。这事留待以后再办，也不会太晚。记住，对哥伦布要每月发给足够他生活的费用，让他在西班牙能够安心住下去。"

斐迪南国王作了如此的交代后，就再次回到战场上去了。

哥伦布又陷入了失望的深渊。

"我相信国王总有一天会批准的，我们必须坚定地等待这一天。"

在妻子恩莉凯丝的鼓励下，哥伦布把最后的希望寄托在渺茫的将来。1488年，恩莉凯丝生下了一个可爱的男孩，哥伦布为他取名为斐尔南。

哥伦布万万没有想到的是，连年的战争，不断的灾难，拖拉疲软的办事效率，阴险小人的百般阻挠，竟然让他的航海计划一再搁浅。

这一搁浅，就是7年。7年啊，2500多个日日夜夜，哥伦布是怎么度过的呢？

"来到西班牙已经有7年了，出海的希望还是遥遥无期！据说，格拉那达的都城阿尔汉勃拉的守军摩尔人部队，至今仍然顽强抵抗，西班牙军队无法越雷池一步。"

1489年，哥伦布回到了巴洛斯，明明40岁还不到的他，可是头发却已经灰白了。

"我不能再这样等待下去了。也许等到战争结束时，我已经衰老，那个时候就再没有体力出海远航了！"

哥伦布心中越想越不安，只得再去找贝雷士神父商量。

哥伦布感叹地说："神父，感谢你这些年的照顾，我已经打算离开西班牙，照这样无限期地等下去，只能让光阴虚度，毫无意义！"

贝雷士神父说道："哥伦布，不要着急，你既然已经等待了7年，又何必在意这点日子呢？更何况国王和女王都是支持你的，只是现在忙于战事暂时搁浅了。你离开西班牙之后想去哪里呢？"

"我想前往法国。以前我曾在法国舰队待过，和法国海军也算是熟悉，我打算去那里试试看。"

"你的心情我很了解，不过依我看，就算你去了法国，从说服国王到出海也还有很长一段路要走，这样吧，我再给女王写一封信，等女王回信再说，你看怎么样？"

"好吧！"

事情发展到了这一步，哥伦布也没有什么好办法，只好再一次听从贝雷士神父的建议。

贝雷士神父给伊莎贝拉女王写了一封很长的信，信中以一种十万火急的语气说道："如果不赶快想办法，哥伦布势必负气投靠法国，而那个时候我国就只能眼睁睁地丧失即将发现的大量领土和黄金……"

伊莎贝拉女王收到信之后，知道事情不能再拖下去了，而这个时候格拉那达的战争也取得了压倒性的优势，眼看就要胜利。

于是，伊莎贝拉女王给贝雷士神父回了一封信，让他稳住哥伦布，并且说即将回宫，第一时间处理这件事情。

获得女王的支持

　　1492 年 1 月 2 日，在阿尔汉勃拉城头迎风招展的摩尔军旗帜被换上了西班牙的国旗。这场战争，终于以西班牙获得胜利而结束。

　　摩尔人的波亚巳迪王，跪在西班牙国王面前献出了自己的佩刀和城门的钥匙。

　　哥伦布的计划终于被西班牙女王提上了议程。伊莎贝拉女王才智出众、英明有为，而且极富同情心，也是一位虔诚的基督徒，她的能力不在斐迪南国王之下。

　　哥伦布欣喜不已，心想："夙愿得偿的日子终于来临了！"

　　伊莎贝拉女王首先向哥伦布说："哥伦布先生，我等待今天这个日子已经很久了。在摩尔战争获得胜利的现在，西班牙还必须再打赢另外一场战争。那就是与葡萄牙之间的打开印度航道之战。"

　　哥伦布面对着女王和满座的贵族，滔滔不绝地说道："我想在进入今天的会议之前，先说说我们的邻国葡萄牙在航海上所取得成就，3 年前的 8 月份，葡萄牙国王约翰二世所派出的巴尔托洛梅乌·迪亚士舰队在第二年绕过了非洲大陆最南端的海角，发现了印度航道的入口。约翰国王为

了企求印度航道能由此而开辟，就把这个海角命名为'好望角'。"

"哥伦布先生，这件事情我们已经知道了。"

哥伦布继续滔滔不绝地说下去："按照这样的势头发展下去，预料葡萄牙在最近数年内，就可能发现印度航道而取得不少的领土。但是，他们走的是远程，我却知道一条捷径，我有十分的信心和把握可以抢在葡萄牙之前，开辟一条通往印度的航道。

"我将按照上帝的指引，给西班牙王国增加大片的领地和无上的荣光！"哥伦布激昂的声音，回荡在王宫金碧辉煌的大殿里。

伊莎贝拉女王听得入了迷，她心里暗想："讲得真是太好了，真没有想到一拖就是 7 年的航海计划，哥伦布先生竟然还是一如当初的雄心勃勃，看来上帝真的是把这一神圣的使命交给他来完成了。"

伊莎贝拉女王说道："哥伦布先生，假使这件事情成功的话，那么你希望获得什么呢？"

哥伦布还是照以前向葡萄牙国王说过的一样，提出相同的要求。

如果这个航海计划成功了，他将获得贵族称号，得到盾形徽章，授予他"海军上将"、"总督"等头衔，以及他所发现海岛和大陆的副王头衔。这些封号、头衔由他的子孙世代沿袭。

此外，对于哥伦布所发现的黄金、香料和珠宝等财产，他要求得到其中总收益的 1/10。

"哥伦布先生，你的要求未免太过分了吧！"伊莎贝拉女王几乎忍不住要拂袖而去。

"陛下难道也觉得这个要求很过分吗？可是陛下，您要知道亚洲的财富确是庞大无比的，我的意思是，要把这些财富的 9/10 奉献给陛下。西班牙必然会成为全世界最富裕、领土最广大的国家。而我为陛下开疆拓土，却只是得到其中的一小部分，这要求其实微不足道呀！"哥伦布仍然据理力争。

"我不能把你的要求照单全收，你能不能考虑稍作让步呢？"

"鉴于我们西航计划的重要性，因此，对于我提出的任何条件，我都不想让步。"

"不，这不可能，我绝对无法接受，我想贵族们也不会答应的。如果热那亚出身的阁下成了西班牙首屈一指的大贵族，大家都下不了台吧，"女王显然气坏了，她对哥伦布摆摆手说道，"哥伦布，你该告退了。"

"告退就告退，有什么了不得的。和葡萄牙的约翰二世一样，都是说话不算数，我又不是只能依靠西班牙。"

哥伦布也没有丝毫的犹豫，立即转身，大步向宫外走去。

7年等待，一锤定音，心痛欲绝呀！

带上心爱的海图和资料，哥伦布谁也没有理会，驾着毛驴，匆匆离开了首都。他对西班牙已经绝望，决定前往法国，寻求法国的帮助。

"什么，哥伦布走了？"

在西班牙宫廷中的阿隆索闻讯大惊失色，连忙赶到阿尔汉勃拉晋谒女王。

阿隆索来到女王伊莎贝拉面前。他把手放在胸前，向女王鞠了一躬，说道："女王陛下，听说哥伦布要离开西班牙前往法国？"

"是的。随便他到哪里去，我不相信有人会支持他那荒唐的计划。"女王轻蔑地笑了。

"陛下！"阿隆索恭恭敬敬地说，"我以为，哥伦布还是留在西班牙为好。"

"为什么？"女王问道。

阿隆索向前跨进一步，说道："他横渡大西洋到亚洲去的计划并不是不可以考虑的。"

"这是一件毫无意义的赌博，我不愿把国库的钱白白地丢在大海里。"女王说。

"这确实是一场冒险，但是也不是绝对的无利可图。万一哥伦布真的成功了，那我们和东方的贸易就会成倍地增加，印度的珠宝、香料，中国的丝绸、瓷器就会源源不断地从新开辟的航线运回来。"

阿隆索越说越兴奋："我们和东方的贸易就不用再走那倒霉的陆路了。说不定，他还会有什么新的发现，给我们带来黄金、白银和新的海外市场……"

女王说："可是哥伦布的要求实在太过分了啊！"

"女王陛下也这样想吗？不，一点都不过分。试想，我们从他所发现的土地上，所能得到的利益有多大！西班牙有了这些土地，既可以传播我们的信仰，又可以成为一个大国。如此衡量一下，他的要求其实一点也不为过！"

阿隆索接着又说："至于航海所需要的费用，如与战争的消耗相比，简直是微不足道的。我们只不过提供他几艘船而已，所花实在有限，而这笔小小的费用却可以为西班牙打开无限的疆界，带来无上的光荣！

"陛下，如果哥伦布真的成功了，赏他一个海军上将的空头封号又有什么不可以的呢？如果不成功，对王室来说也没有太大的损失，但是如果为了这样一个空头封号，就把这样一件好事让给我们的敌人，岂不是笑话吗？"

女王沉吟了半晌，然后说："阿隆索，这件事都怪我。现在，我已经拿定主意了，我马上派人把哥伦布请回来就是。

"先前因为我没有想通，心存疑虑，再加上战事虽已结束，但是国库空虚，一时也拿不出钱来，所以国王才犹豫不决。

"如今，我就是把自己的珠宝全部拿出来，也要支持这个计划。"

"英明的陛下！我遵照您的旨意去做。"

阿隆索又把手放在胸前，向女王深深地一鞠躬，便退了出去。

当哥伦布走到距离圣塔菲 10 余英里的艾尔比拉山脚下的比诺斯桥桥头时，突然间有一个人骑着马从后面疾驰而来。那人奔到了哥伦布身边，立刻纵身下马。

"哥伦布先生，请等一等，女王有令，请你马上返回王宫。"

真是天无绝人之路，就在哥伦布即将离开西班牙的时候，西班牙女王选择了他，于是，一场震古烁今的大航海，终于缓缓拉开了帷幕。

发现新大陆

天才，就是别人认为毫无价值的不毛之地，你却能挖掘出黄金和甘泉来！

—— 哥伦布

签署 "西航" 协议

1492 年 4 月 17 日，西班牙伊莎贝拉女王和斐迪南国王再一次召见了哥伦布，在宫廷之内，正式签署《圣塔菲协议》。协议书的内容，几乎完全照哥伦布的意思写成。

宫廷的大厅内，斐迪南国王和伊莎贝拉女王并排而坐。大殿之中站立着数百位西班牙贵族官员。哥伦布缓步上前，站在国王夫妇前面。

担任司仪的官员开始诵读协议书：

这里所要求的，也是国王和女王陛下赐予和授予的。即将在上帝的保佑下，为两位陛下效力，在大洋中即将发现岛屿和陆地的克里斯托弗·哥伦布的一些补偿：

其一，作为上述海洋的宗主和统治者的两位陛下，赐予该克里斯托弗·哥伦布为：他凭借自己的技巧在这些海洋中，即将发现而且获得的一切岛屿和陆地的海军上将。在他有生之年，及其后嗣和继承人，永远享有所授予的这个职衔，以及一切优先权和特权。就像已故的卡斯蒂利亚海军上将阿隆索·恩利克斯及其以前获得该职位的人一样。

其二，国王和女王陛下赐予该克里斯托弗·哥伦布为：他即将在上述海洋中所发现并获得的一切陆地和岛屿的副王和总督；在他统辖的每个地方的官员中，他可以提出 3 名候选人，而两位陛下则有权挑选其中一个他们认为最合适者加以任命。这样，托上帝赐给两位陛下的福祉，发现并获得的土地就会成为取之尽的财富。

其三，在上述赐予克里斯托弗·哥伦布海军上将所辖的范围内，以后由生产、发掘和交换所得来的一切黄金和白银、珍珠和宝石、香料以及其他任何种类的商品中，他都可以征收和保留1/10，并且一概免税。即扣除在这方面的一切费用，再从整个纯收益中把其中的9/10交给两位陛下，他自己保留剩下的1/10并可随意支配。

其四，在上述即将发现和取得的岛屿和陆地上运送产品，或向本地进行商品交换。不管发生任何争执和诉讼，都应由克里斯托弗·哥伦布或其代理人以海军上将的身份来进行裁定。在这种争执和诉讼中，要永远保护海军上将；在未经两位陛下同意的情况下，任何法官无权审问海军上将和他的全权代理人。以后视为定例。

其五，如果该克里斯托弗·哥伦布同意的话，他可以为每次驶往上述陆地和岛屿地区进行贸易和交换的船只，提供1/8的装备费，并由此获得1/8的利润。

国王（签字）女王（签字）

1492 年 4 月 17 日

于格拉那达附近的圣塔菲

协议书签署以后，斐迪南国王问哥伦布："哥伦布，请问你还有什么需要补充的吗?"

"陛下，关于协议已经不再需要补充，但是恳请尊敬的陛下再为东方的大汗写一封信，表达陛下与贵国的友谊，互通有无的善意。"

于是，在哥伦布的建议下，两位国王又写了一封《致东方君主信》，有趣的是，这封信的称呼是空白的，因为他们还不知道怎么称呼这些没有见面的君主，也还不知道究竟存在不存在这些大汗呢！

至尊至贵之君主陛下，至敬至爱之我友：

我们乃科斯蒂利亚、阿拉冈、莱昂、西西里、格拉纳达诸王国之国王斐迪南和女王伊莎贝拉，谨向陛下祝福致候。

自我们某些臣民以及其他来自贵国之人士处获悉，陛下对我们以及我们之国家曾表示特别之倾慕，并怀有极大之兴趣，欲了解我们之事物。为此，特决定向陛下派出我国之优秀船长克里斯托弗·哥伦布，持此信前往。

陛下可从彼处获知我们国运昌隆之近况，以及我们授权让其向陛下禀告之其他情况。故请陛下对其深信不疑。承蒙关照，不胜感激之至。我国亦乐于接受陛下之祝愿。

国王（签字）女王（签字）

1492 年 4 月 30 日书于格拉纳达

"为了上帝和西班牙王国的名誉，我一定会尽快地带着好消息回来。"哥伦布向国王和女王许下诺言后，退出了宫廷，去准备这一次史无前例的航行。

大臣们都在窃窃私语。

伊莎贝拉女王望着哥伦布的背影，低声说道："但愿上帝保佑他。"

国王斐迪南接着说："但愿他给我们带来黄金、白银、珍珠，还有土地。"

出航前的准备

终于得到了国王和女王的批示，哥伦布感到十分高兴，回到了巴洛斯小山上的修道院里，贝雷士神父和院里所有的人都纷纷向哥伦布表示庆贺和祝福之意。

"哥伦布，恭喜你，你终于完成自己的夙愿了。"

"现在说恭喜还太早，印度还没有找到呢！不过终于得到国王的支持，这是一个好消息，现在我得开始做出航的准备了。"

但是事情并不像哥伦布所想象的那么容易，当哥伦布兴冲冲地拿着国王的诏令来到广场上招募航海所需的 3 艘船只及水手时，整个广场沸腾了。

巴洛斯的市民们听到这项宣告立刻产生一阵骚动，要从他们中间产生海员，这不是让他们去送死吗？

"虽说这是国王和女王的命令，可是谁也不愿意去魔鬼的海域送死呀！"

"就是，谁都知道印度就在欧洲的东方，可是哥伦布却要向西走，我看这个人只怕是脑子有问题。"

"我们的船都是我们辛辛苦苦打造出来的，谋生用的，总不能国王说要就要吧！"

"如果把船都要走了，我们以后靠什么生活？"

"而且这船一旦交出去，肯定就回不来了。"

"国王怎么会相信疯子的话呢？"

"反正说什么我也不想参加。"

大家你一言我一语地议论不休。

当时因为知识的匮乏，流传出来一些关于大西洋西方各种恐怖的传说，传说那里是一个极为恐怖的魔海，经常会出现魔女，以妖艳的舞姿和歌声迷惑人的心智。在惊涛骇浪中，还会有可怕的巨龙袭击船只，一旦遇上巨龙或魔女，就绝无生还之望。

人怎么能够和魔鬼斗争？所以人们都相信向西方航海必死无疑，国王的严格命令也好，巨额的赏金也好，都不能打动他们的心。

哥伦布感到十分困扰，好不容易才得到西班牙王室的支持，但是人员和船只如果无法顺利地调集起来的话，一切都还是空谈。

就在这个时候，早年间曾与哥伦布认识的鲁滨孙兄弟出海回来了，知道哥伦布眼下的困境之后，鲁滨孙兄弟当即关起门来商讨。

"哥哥，据我看，哥伦布的理想绝非凭空虚构，何况这项行动非常有意义，对国家、对自己都有莫大的好处，我打算把我的'玛利亚号'借给他。哥哥，你呢？"

"我也可以把我的'尼纳号'加入进去，另外，我们可以先垫付一切费用，以后获得财富后，再按比例平分，你觉得如何？"

"好啊！就这么决定好了，我们快去找哥伦布吧！"

时间过去 7 年了，哥伦布还是雄心依旧，鲁滨孙兄弟也毫不逊色，他们都是性情耿直的人，愿意为了这项大事业共同努力。于是，由鲁滨孙兄弟提供了两艘船只，哥伦布自己又另外租了一艘名为"宾达号"的船，这样出海的 3 艘船总算是凑齐了。

船只有了，海员还没有呢，鲁滨孙兄弟和哥伦布一起去码头上招募水手，他们鼓起了如簧之舌，到处招募船员。

码头上，人声鼎沸，看见哥伦布又要来招水手了，所有的人都愤怒地喊了出来。

"哥伦布这个外国人，我们为什么给一个外国人卖命？"

"哥伦布是一个疯子，跟着他只能白白丢命。"

"哥伦布是要大家都去送死，伙计们，大家可千万不要上当啊！"

"黑暗的魔海上，有可怕的章鱼，也有巨大的海怪，还有暗礁和飓风，去那里无异于自杀。"

"葡萄牙组织了那么多次的航海，可是结果呢？船只都翻了，死了那么多人。"

哥伦布无可奈何地望着鲁滨孙兄弟，眼下这种情况他真的是无能为力，只能寻求鲁滨孙兄弟的帮助了。

鲁滨孙兄弟站出来说道："伙计们，大家听我说，既然我们向南能够到达几内亚，那么向西也就一定能够到达中国。你们在海上会十分安全，这点我可以用自己的身份担保。"

"来吧，一起加入我们的航程吧，那里有数之不尽的黄金、珠宝和香料，你想要多少就有多少，遍地都是，随便你怎么捡。"

"傻瓜才不想发财呢，怎么？你不相信，我告诉你们，这是千真万确的事情，而且我们兄弟已经加入了哥伦布的计划了，准备去发大财去了。"

"亚洲各地，有取之不尽的黄金和珠宝。"

"在这次航海中首先发现印度陆地的人，不但会获得女王的重赏，还可以得到10000马拉贝第士的年金呢！"

"伙计们，一起来吧，和哥伦布一起出海，听我的没错，下次上哪里去找这么好的机会？"

鲁滨孙兄弟都是当地很有名望的人，许多人都跟他们出过海，现在他们兄弟自己都抢先报名了，这件事情还有什么值得怀疑的呢？

鲁滨孙兄弟就这样顺利招募到了众多干练而值得信赖的水手。现在总算有了3艘船以及经验丰富的水手，大致说来事情已经稍有眉目了。

哥伦布的船队就要出航了，可是这些远航的船只都是什么样子的呢？

"宾达号"和"尼纳号"的长度仅18米，船首和船尾都建得高

哥伦布·发现新大陆

高的，虽然有瞭望楼和船室，但是没有甲板。而"玛利亚号"比较大一点，虽然有甲板，但也只是载重两三百吨的小帆船。

如果以现代的标准来看，这简直是儿戏般的冒险，因为这3艘船的简陋程度，比起现在的内河或沿海航行的木船还不如。以这样简陋的船只，向狂涛骇浪的大西洋进发，在今天看来，无异于太过于冒险了，甚至可以说是胡闹。

再说，当时大西洋的西方谁也没有去过，万一真的是一片魔鬼海域呢？又或者是类似于百慕大三角这样比较特殊的海域呢？而且撇开船只问题不说，当时出海的海员也存在着很大的问题。

自古以来大多数的探险家和冒险家，他们都有一些志同道合的伙伴，或是忠贞可靠的部下，以便在遇到危险时同心协力，帮助他们渡过难关。但是哥伦布却一个亲信部下都没有。在鲁滨孙兄弟的大力招募下，他总算招募到了120位船员。

这些船员虽然有航海的经验，但多半存着迷信心理和恐惧心情，他们应征前来，一半看在鲁滨孙兄弟的情面，另一半是被巨额赏金所吸引。假如航程一路顺风，那倒相安无事。万一中间遇到一点什么问题，随时都可能有叛变的危险。哥伦布率领这批人从事航海探险，无异于带着一群猛兽。

即便如此，哥伦布心中并不畏惧，凭借着多年来的航海经验，他对于此次航海有着万分的把握。

在当时的航海家中，哥伦布是最优秀的人才，有关天文、地理、气象、测量术等方面的知识，哥伦布全部精通，能够确保航海的安全。

哥伦布是一个虔诚的基督徒，他深信上帝选中了他，让他去寻找前往东方的捷径，在精神上拥有无穷的动力。

船只、面粉、大豆、淡水等物资和水手、船医、记录员、领航员等工作人员都已经准备就绪，航海之前的准备工作都已妥当。

伟大的航海行动，终于要开始了！

历史上的航行

1492 年 8 月 3 日，伟大的大航海终于要在今天开始了，巴洛斯港人山人海，被包围得水泄不通。

"上帝呀，请保佑这个团队吧！"

所有的人都在告别，这一去，可就不知道什么时候能够回来了，也许这辈子就再也回不来了。人群中传来了阵阵的哭泣声。

哥伦布抱着妻子和两个孩子，对他们说道："好好照顾自己，等我回来。"

"爸爸，一路顺风。"迪亚戈像一个小大人一般，挥挥手说道。

"爸爸，我想你，你要早点回来。"小儿子已经哭得一塌糊涂。

"上帝会保佑你的，记得早点回来。"妻子扑到哥伦布的怀中，像是要回味这最后的拥抱。

哥伦布站到甲板上，将西班牙王国的国旗缓缓升起，发号施令道："上帆！拔锚！出航啦！"

由哥伦布亲自坐镇"玛利亚号"，负责指挥，鲁滨孙兄弟的老大马丁掌管"宾达号"，弟弟文生率领"尼纳号"，3 艘远航的船只终于缓缓驶离了港口。

人类历史上最具意义的一次航行，终于开始了！

船队很快穿过了地中海，进入大西洋。随后，哥伦布命令舵手把航向对准南方的西班牙属地加那利群岛。加那利岛是金丝雀的原产地，它位于非洲西海岸的附近。

领航员满脸狐疑地问道："这是为什么呢，哥伦布提督？我们要横渡大西洋笔直西行，应该是向亚速尔群岛行驶才对呀！"

哥伦布轻笑道："这是我多年观察的结果，照理说，我们是应该向亚速尔群岛方向航行，但在目前这个季节，风向刚刚相反，若是往西而行，反而会被风吹向葡萄牙去。我决定先驶往加那利群岛，是因为那里的风向正好可以把我们的船推向西方。"

领航员好生赞佩地说："原来如此，提督的经验如此丰富，真令人佩服！"

凡是有关这一带海域的问题，哥伦布无不了如指掌。因此，这件事情对他来说，只是小菜一碟而已。海上平安无事，哥伦布还是做海上记录《航海日志》，记录下每天发生的事情。

8月3日，出海第一天，平安无事，船队航行了15里格。里格是一种计量单位，相当于88.5海里。

8月4日，航行了25里格。

8月5日，航行了40里格。

8月6日，"宾达号"突然从迷雾中消失了。

哥伦布心中一紧，连忙下令寻找，之后终于找到了，原来是舵轮松脱了。这艘船本来就是租来的，船长和船员都是半强迫式地跟随他出海，虽然有马丁坐镇，但未必就能镇得住那群海员。

哥伦布猜测很可能是对这次航海感到不安的水手为了急于返回西班牙而做的手脚。

马丁船长马上采取紧急措施，用绳索缚住了松脱的舵轮，问题才得以解决。可是一阵子之后，舵轮又再度脱落，同时船尾部分也进了水。

"宾达号"的速度骤然减缓下来，"尼纳号"和"玛利亚号"也不得不跟着减低航速，在海上缓缓而行。

哥伦布独自站在"玛利亚号"的甲板上，手扶栏杆凝望着远方，陷入沉思中。

出航以前，船上的各部位都曾经详细地检查过，现在才出海三四天就发生这样的事故，旅途还很漫长，接下来又会发生什么事情呢？

经过了 7 天的航行，船队到达了加那利群岛的大加那利岛。哥伦布原本打算在这岛上找另外一只船来替代"宾达号"，结果却没有找到。

"没有办法了，在'宾达号'尚未完全修复以前，我们暂停航海，请你尽全力赶快把它修好。"哥伦布说道。

停泊在加那利岛期间，哥伦布对船只进行了一番修整，为了使"宾达号"船能够增加速度航行，原有的大三角帆被换成了四角帆。同时搬运了一些粮食和淡水到 3 艘船上。

9 月 6 日早晨，3 艘船又再度出航。因为没有风，船队走得很慢，过了 3 天才到达德奈利夫岛。

德奈利夫岛是一个火山岛，岛中央的德奈利夫火山顶正有一股浓烈的火焰和黑烟冲上天空。

水手们看到这种情形，纷纷不安地嚷了起来。

"这一定是上帝生气了！"

"世界的末日到了！"

"可能是有什么灾难要发生吧！"

哥伦布见他们越说越离谱，就严加训斥说："这只不过是火山爆发的正常现象罢了，有什么好大惊小怪的。大家做好自己的工作，我保证旅途的安全。"

希叶罗岛是最后一个岛屿，过了这个岛之后，从船上举目四顾，映入眼帘的只有空荡荡的大海、无边无际的天空。

船员的恐惧与不安

　　水手们恋恋不舍地告别希叶罗岛，希叶罗岛完全消失不见之后，水手们开始为一种莫名的恐惧所笼罩。前方是一片未知的海域，从来没有人去过，也没有人知道是什么样子，传说那是一片魔海。

　　此后，他们要在这片没有海图、也没有人去过的陌生的海上继续航行。离开欧洲越远，水手们心中的不安就越为强烈。怀念欧洲的影子，已经看不到了。如今离亲朋以及自己的家人越来越远，何年何月才能重返故乡？

　　西方的魔海会不会把我们连船带人一起吞噬掉？父母、妻子、儿女终日盼望我们早日回家团聚，这有可能吗？万一我们都葬身魔海，我们的亲人该如何的伤心！

　　船员们一个个净往坏处想，越想越可怕，不知不觉间已经泪流满脸，有些胆小的，趴在船板上号啕不已，更有的跪在甲板上，祈求上帝的保佑。

　　哥伦布看到这种情景，只能费尽口舌去安慰、鼓励他们，因为一旦这些船员控制不了情绪反抗的话，他可就真的前功尽弃了。

　　"男子汉大丈夫，有什么好哭泣的，你们都是经验丰富的老水手了，没有理由克服不了这样的难关。"

　　"在我们的东方，那里有天堂般的乐园，那里有无尽的黄金和珍宝，等待我们去发掘、开采。那里的气候温和，到处是奇花异草和茂密的丛林，并且出产许多名贵的香料。"

　　"伙计们，当我们顺利成功、满载而归时，女王会对我们重重有赏的，而那个时候，荣耀将属于你们，财富也将属于你们。"

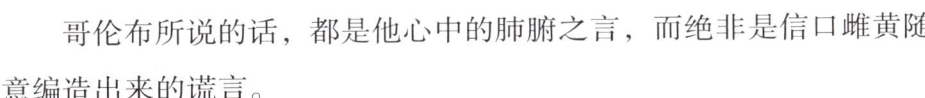

哥伦布所说的话，都是他心中的肺腑之言，而绝非是信口雌黄随意编造出来的谎言。

哥伦布坚信大西洋的对岸就是亚洲大陆，旁边是日本，这点在他的地图上写得清清楚楚。至于中间还有一个美洲，那是他所万万没有想到的。

哥伦布的目标是黄金之国——中国以及日本、印度，在他的想象中，很快就能到达这些地方的。

可是，哥伦布把地球看得太小了，他太过于相信自己那一张错误的地图。而对于马可·波罗那夸大了无数倍的黄金国，他竟然一点怀疑都没有。

可是，正是因为哥伦布的这种错误，让他糊里糊涂地去冒了一次天大的危险，阴差阳错地获得了不朽的荣誉。发现了比黄金岛更为富饶的资源，一块前所未知的美洲大陆。

为了缓和船员们的不安和恐惧情绪，不至于让所有人担心自己走得太远了，同时也为了给自己留有余地，因为就连他自己都不知道究竟什么时候才能到达陆地，哥伦布篡改了航程距离。

哥伦布煞费苦心地制作两种航程表，一种是正确的航程记录，留在自己身边。另一种是打折扣的数字，公布给大家看的。

哥伦布把每天宣布的航程缩短了，比如说9月10日航行了60里格，他通报的是48里格。9月11日夜间航行了20里格，船员们看到的是16里格。有趣的是，当时测量航程距离的手段非常原始，后来有研究数据表明，哥伦布隐藏起来秘而不宣的那些所谓正确数据其实都要比实际距离多算了10%。

也就是说，哥伦布给大家通报的那些被他篡改过的数据才是真正的航海距离。

真是阴差阳错啊，哥伦布本来有"心"作"假"，却没有想到最终说出了最真实的情况。这样，船员们的情绪渐渐安定了下来，可是在 9 月 12 日，当他们航行到离希叶罗岛西方约 330 海里附近时，却发现有沉船桅杆的碎片。

"看！有一块桅杆的碎片漂过来了！"

守望员大声叫了起来。大家闻声一看，果然在波浪间漂浮着一些大约属于 100 吨级帆船的桅杆碎片，也许这是来往于非洲西海岸的一艘葡萄牙船。

"我们的船会不会也遭到同样的命运？"

船员们一路上都是战战兢兢地担心着，在没有看到这些沉船碎片的时候，他们就已经够恐惧了，现在他们只觉得更接近恐怖的魔海了，个个吓得脸色苍白，胆战心惊，浑身直打哆嗦。

9 月 13 日，发生了另一件更让船员们胆战心惊的事情。磁针发生了毛病，罗盘的指针跟北极星所指示的北方不一致，指针偏向了西北。

首先发现这个问题的是哥伦布，为了避免引起船员们的骚动和不安，他秘而不宣，一面独自研究问题所在。

不料这件事情竟然被掌舵的水手发现了，他大声地惊呼道："天啊，磁针出问题了，竟然没有指向北极星。"

他这么一叫就把所有的船员们都喊出来了，大家一看到磁针，吓得脸色苍白，不知所措了。

"上帝要惩罚我们了吗？"

"说不定是魔女把磁针给拉住了！"

"那怎么得了？我们真的已经进入魔海了！"

"没有磁针指示航线，怎么还能继续航行下去？"

"我们一定会被海水卷入地狱的，哦，上帝，保佑我们吧！"

大家正在七嘴八舌争吵不休时，哥伦布走了过来，他大声地打断了他们的争吵。

"吵什么，不过就是一点小问题而已，有什么好大惊小怪的。"

"可是船长，磁针出了毛病，难道是假的吗？"

"是啊，磁针的一端是指向南极，一端指向北极，这样子才能辨别方向，如今有了差异，将如何辨别正确的方向呢？"

这还怎么得了，如果哥伦布再不作出一番解释的话，这些水手会发疯的，到时候恐怕反而会出乱子。

"没什么大不了的，"哥伦布解释说，"北极星是天上的一盏明灯，磁针就是指向它的，现在磁针的方向偏差了，那就是说北极星的位置移动了，我相信只要再过几天，磁针就会恢复正常了。"

哥伦布拥有渊博的知识，船员们对此深具信心，他那深入浅出的解释多少起到了一点安抚作用。

恐慌的情绪渐渐消失，船员们回到了各自的岗位。事实比哥伦布想象的还要好，磁针第二天就恢复正常了。

船队继续向西航行，有天晚上，一位船员大声地嚷着说："好大的火球接二连三地往海里掉，这地方看来要变成火球之海了！"

其实，他们所看到的是流星雨。诸如此类的事情在航行途中屡屡发生。

旭日从东方升起，把海面映出万丈光芒，天上连一片云彩都没有，周围是一片寂静，没有一点儿风，白帆在桅杆上无力地下垂，船身无法前进。

万里晴空，海面上十分平静，早上太阳从水平线上升起，晚上又沉沉落下。每天都是这样，但是浮现在他们眼前的，除了大海，还是大海。

船员的心情开始沉重起来，找不到陆地，让他们觉得失去了安全感。可是，陆地又在什么地方呢？

海上的 "大草原"

哥伦布率领的舰队一直向西航行。他站在甲板上，望着一望无垠的海面，大海轻微地起着波浪，船头撞击海水发出悦耳的声响。哥伦布此时此刻的心情真是难以形容。从幼年时代起，他就幻想着远航，而如今他已经面对着大海，开始了前无古人的航程。

哥伦布从幼年时代起，就有了"未来的船长"的绰号，而如今，他不但是名副其实的船长，而且是率领一只小小舰队的海军上将了。为了准备今天的远航，哥伦布曾经作了多少艰苦的努力啊，为了得到西班牙王室的资助，他又说了多少低声下气的话。

而如今，在哥伦布眼前是一片开阔无际的大海，等待他的又是什么呢？他自己也没有把握。

哥伦布只是想，一直往西航行，渡过大西洋，到东方去，开辟一条前人没有走过的航线，为了它，也许自己会葬身海底，但后人总会在这次航海中得到一点什么吧！

哥伦布的船队继续前进，他一天到晚几乎都在甲板上瞭望远方，观察风向，指挥航行。

但在他们面前，仍然是渺渺茫茫，看不到一点陆地和岛屿的影子，这样过了一天又一天。水手们的情绪开始波动，他们变得消沉起来，不时地向哥伦布询问航程。每到红日西沉，水手们便聚集在甲板上，眼望着东方，唱起了忧伤的怀念故乡的歌曲。这单调而凄凉的歌声，搅动了哥伦布的心，使他的思绪繁乱起来。

前进，当然只有前进，可是水手们的情绪不可忽视。每过一天，水手们不安和怀乡的情感就增加一分，时间长了怎么办？

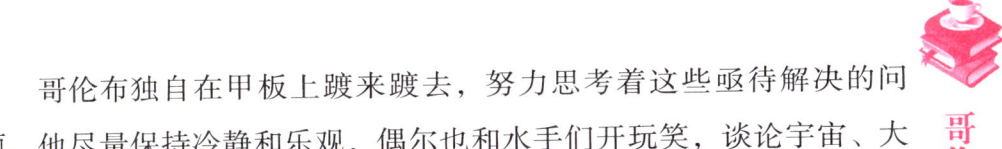

哥伦布独自在甲板上踱来踱去，努力思考着这些亟待解决的问题。他尽量保持冷静和乐观，偶尔也和水手们开玩笑，谈论宇宙、大地、海洋和气象。同时哥伦布主动向水手们宣布他那修改过的航行距离。但是，这些都不能解决水手们的问题。

哥伦布的船队在这种日益增长的不安情绪中继续前进，水手们开始窃窃私语，有时大声地骂着粗话，用来发泄心中的烦躁与不满。

"青草！青草！"一名水手发疯似的在甲板上狂奔，"看见青草了，快到陆地了！伙伴们，看啦！上将大人。青草！快看青草！"

第二天清晨，有船员发现有绿色的杂草从西方水面漂来，这些杂草多半是生长在岩石缝中的。从它们鲜绿的颜色看来，似乎是最近漂来的。

"你看，这些草都是生长在陆地上的，而且又是那么新鲜，想必我们距离陆地不会太远了！"

船上所有的人，都跑上甲板，伏在船舷上往海里张望，确实，一根，两根，一片又一片的青草从船边流过。水手们互相拥抱着跳了起来，欢呼着。他们想，既然遇到了青草，那么离陆地一定不远了。

他们还看到一种热带地方的白色小鸟，这种鸟儿不是倦了在水面休息的海鸟，或者在水面上睡觉的鸟儿。

"那一定是陆地上飞来的鸟儿。"

"草也是长在陆地上的。"

船员们对于这些现象的出现备感兴奋，精神为之一振，他们甚至把远方的云层误认为是陆地而高声欢呼，当他们看清是云彩时，又有些沮丧。

不久之后，船员们又发现了很多小鸟掠过船的桅杆，接着在船的四周出现一大群鲍鱼，船员们以为已经靠近了陆地，精神上又振作起来。可是，不久之后海面上又恢复了死一般的平静。一望无际的海面上布满了海藻，看上去像是一个大草原。

哥伦布心里不免有些不安起来了，很早以前，他就在古代哲学家亚里士多德的著作里看到过"海藻之海"的记载。

据说在北纬 20 度至 25 度，西经 40 度至 75 度之间的海面上布满了海藻，船只如果进入这个海藻区，就会被海藻缠住，动弹不得，直至所有船上的人被困死，船体彻底腐烂为止。

这件事情是万万不能告诉这些水手的，不然后果不堪设想。哥伦布虽然心中担心，但是表面上还是不动声色，并把测量深度的铅锤投入海中，表示海水很深以使船员们安心。

哥伦布的船队在这个广阔的海上大草原上航行了 3 个多星期，才渐渐地把这块大草原留在后面。但是，在他们的面前，仍然是茫茫的大海，无边无垠，看不见陆地，也看不见岛屿，而且一点接近大陆的迹象都没有。

不久之后，又一个新的问题出现了，海面上没有风了。没有风，帆船就不能前进，船队在沉静的海面上停泊。四周的沉寂以及炎热的天气使人们的情绪又开始激动起来了。

哥伦布不断地为他们打气："我们寻求的陆地目前还不是很近，不过，我相信不久后就会在这个方向出现的。据我判断，风向很快就会转变，振作起来吧！"

果然，将近傍晚时分，阵阵的西南风鼓满了布帆，哥伦布带着船队又前进了。

夕阳西下，暮色低垂，群星开始在夜空闪烁，好一幅美丽的海上景色。

在希望和失望中前进

天空下着蒙蒙细雨，视线不太清楚，这一天是哥伦布他们驶离海藻的第三天，在这片微风带航行，风向总是捉摸不定，让船上的海员们抱怨不已。

"西风这么弱，这怎么办？强烈的风都是从东方吹来的，现在我们一直往西走，这样可以，但是将来怎么回国呢？"

"被困在这个鬼地方，不管向西还是向东都不可能，难道说要活活被太阳晒死吗？"

"这捉摸不定的魔海，真令人恐怖！"

"我们会坐吃船空的，到时候就真的饿死在这里了。"

水手们又开始惶惶不安起来了。哥伦布心中也很着急，可是又有什么办法呢？

哥伦布只得激励他们说："大家不要紧张，风向不久后就会转变的，现在是 9 月，等过几天就会转变风向的。"

3 天之后，果然如哥伦布所说，风向又转为西北，水手们这才放下了忐忑不安的心。

当天晚上，哥伦布独自坐在船长室里沉思。他凝视着桌上的海图，心想："照海图上所示，陆地应该是不远了，可是，在没有发现陆地以前，船员们的情绪始终不稳定，当他们看到海藻出现时，那种惊恐的神态委实令人担心！"

"若不是风势转强，及时脱离困境，真不知道会演变成什么样的情况！瞧他们的行径，似乎精神越来越不正常，随时都可能发生变故。我有重大的使命在身，必须尽力突破任何艰难险阻，决不能中途退缩。"

已届中年的哥伦布始终没有气馁，他仍然具有年轻人刚毅不屈的精神和气魄。

9月25日，风向又转为东风。傍晚时分，夕阳西沉，彩霞满天，好一幅诗情画意的美景。

哥伦布炯炯有神的双眼凝视着即将西沉的夕阳，心中想到的却是一些伟大人物的死亡，要是再找不到陆地，这群人动乱起来，那又该怎么办呢？想到这里，哥伦布心中不免又紧张了起来。

迎着落日，"玛利亚号"乘风破浪地向西疾驶，"宾达号"和"尼纳号"在后面紧紧跟随，拼命追赶，不一会儿，速度较快的"宾达号"已经抢在前面了。

"陆地，有陆地，我看到陆地了，哈哈哈。"

突然，"宾达号"船长马丁的声音传了出来。

船员们个个欣喜若狂，有的敏捷地爬上桅杆眺望，有的互相拥抱高歌，有的兴奋得泪流满面地跪地祈祷。

暮色苍茫中，在水平线的西方确实有陆地的影子，模模糊糊地显现在那里。

"哦，上帝保佑。"

哥伦布立即跪了下来，向上帝祈祷谢恩。

"所有的船队立刻向西南方向前进。"

哥伦布的心中满怀喜悦和对神的感激，他命令掌舵的船员把船驶向西南方。3艘船的布帆鼓满了风，向西南疾驶而去。

可是他们越往前靠近陆地，夕阳却下沉得越快，不一会儿就沉入了海中，暮色笼罩着一望无际的大海，夜色降临了。

满天的繁星在船员们的眼中，就像是即将被他们采摘的珍珠、宝石，大家兴奋得整夜都未曾合眼。

天色微明，大伙儿迫不及待地跑到船头去眺望。可是海面上除了一望无际的大海，连陆地的影子都没有。

那么昨天晚上大家看到的陆地为什么又不见了呢？

原来，他们把黄昏的晚霞误认为陆地，晚霞消失了，"陆地"自然也就不见了。

"空欢喜一场，真扫兴啊！"

早晨的阳光照耀在海面上，但是大家的心情却是沉甸甸的，希望越大，失望也越大。他们辛苦熬了一个晚上，编织着美好的梦想，但是骤然间幻灭了，真是令人沮丧。

哥伦布还是一天又一天地把船队带向西方。不屈不挠的他始终坚持自己的信念，一路向西，绝不动摇。

船队的上空依然有海鸟在飞来飞去，而四周的海面也有成群的海豚在嬉戏跳跃，海上的风浪显得格外平静。

哥伦布是一个虔诚的基督徒，这次的大航海并不是纯粹地希望获得黄金和香料，他是希望世界上的所有的人类都能沐浴在基督的光辉之下，所有人都来赞美神的仁慈。

哥伦布的脾气有点暴躁，但他的涵养功夫却不错，能够克制自身的脾气，他坚信神是爱他的，神也是爱大家的。

从这次出航开始，哥伦布每天都集合船员们在一起祈祷，给予他们精神支持。同时，他也曾向船员们许下诺言，谁要是先发现陆地，他就请求国王颁给谁巨额奖金。在精神与物质的双重鼓励下，一路上总算没有再发生太过于激烈的事情。

每当陆地的影子出现的时候，大伙的精神头就特别兴奋。但是等到真正看到的时候，才发现不过是海市蜃楼而已。

就在这样的希望和失望当中，哥伦布的船队又向西方前进了几天。

立下三天的誓言

船队继续向西前进，海面上一片平静。然而，水手们的态度和哥伦布的心情却都无法保持平静。

原本对这次航海充满自信的哥伦布现在也开始有点动摇了。按计划，预定的航程都已经走完，照理说，印度的岛屿或大陆应该出现才对。

"是不是航路有错误？"

哥伦布心中对此也开始有点怀疑了起来，如果再没有发现陆地，水手们会受不了的。

船队继续前进。悬浮着的木头不断在海面上浮动着，各种各样的鸟儿停留在桅杆上，种种迹象表明已经非常接近陆地了。

"陆地，陆地，我发现陆地了，我是第一个发现者。"

船员们总爱拿这样的话来谈笑着。哥伦布曾说过谁第一个发现陆地，那一万铜币的奖金就属于谁。

"不行，如果有人说发现了陆地，但是 3 天之内，仍然看不到陆地的话，以后即使他真的最先发现，也不能领取奖金。"哥伦布当机立断，作出了这样的决断。

船队以最快的速度向西航驶，日夜兼程。可是大海茫茫，哪里才是哥伦布梦寐以求的陆地呢？

哥伦布的船队在茫茫的大海上默默地前进。水手们的情绪很坏，他们已经不再唱思念故乡的歌曲，他们背着海军上将偷偷地喝酒，水手之间稍有一点摩擦，立刻就发生流血的斗殴。

哥伦布从望远镜里看到了"宾达号"船，马丁挥舞着皮鞭，驱赶那些急躁的水手。哥伦布心情沉重，他感到，一场水手哗变的严重事件即将到来。

月明星稀，碧海苍天。哥伦布站在甲板上思考着怎样安定水手们的情绪，但是一点办法也没有，说不定只有返航这最后一步棋了。

忽然，他眼睛一亮，他分明看到，月光下正有一群候鸟向西南飞去。要知道当年葡萄牙人也正是因为发现了这些海鸟的存在，才循着足迹发现那些海岛的。

"改变航向，跟着这群飞鸟。"哥伦布大声地发布命令。

一队队、一群群的飞鸟不停地掠过"玛利亚号"的上空，哥伦布的船队紧跟着它们向西南方向前进，这样又过了两天。

一名水手把怎么咬也咬不烂的肉块丢到了海里。另一名水手把碗"砰"的一声摔在了桌子上。不安的情绪越来越浓。水手们沉默着，眼里闪着怒火，他们开始肆无忌惮地酗酒，人们开始三个一群、五个一堆地小声议论什么，当哥伦布走近时，他们便立刻沉默了。

哥伦布清楚地知道，这时候只要有谁说一句："我们要回去！"就会得到几乎全体水手们的响应，如果谁要反抗，那就只会被他们抛入大海。

"看来，只有返航了。"哥伦布心情沉重地想。可是，他不相信这群候鸟没有歇脚的陆地。

"再坚持 3 天，只要再坚持 3 天，就会有希望了。"哥伦布自言自语地说。

这时候，王室的监督官走来了，醉醺醺地向着哥伦布喊道："你这个骗子，你要把我们带到哪儿去？把我们带到地狱去吗？你的命不值钱，我，我可要活，你要知道，我是贵族。我是王室监督官，懂吗？"

哥伦布咬着牙，没有说话。

哥伦布把全体船员召集在甲板上，威严地说："这几天，你们想的什么，我清楚。你们想干什么，我也清楚。可是，我起誓，我们就会到达陆地的，而且……"

水手们立刻骚动起来："我们受够了，陆地，陆地，鬼才知道它在哪儿！"

"我们已经无法忍受了！"

"你说的陆地在哪里？每天见到的都是海水，海水，根本就没有陆地的影子。"

"你究竟想把我们带到哪儿去？"

"把官员和船长统统丢到海里去喂鱼，我们要回航。"

"对！让他们游泳到东方去好了，我们可不再跟着他们瞎闯了。"

哥伦布早已经发现了这些水手的异常，他不想激化这种矛盾，哥伦布耐心地劝道："大家再忍耐一阵子，上帝会保佑我们的，东方就在前面，这是上帝在考验我们的毅力，黄金、荣耀、钻石、珠宝，就在我们前面，正在向我们招手呢！"

船员们对这种鼓励的话，已经听得太多了。

"哼！你想欺骗我们到几时？"

"已经航行了两个多月，始终没有看到陆地的影子，你光是空口说白话，骗得了谁？"

发现了旗舰上的吵闹，"宾达号"靠了过来，马丁船长大声对哥伦布说："上将大人，您只需要绞死他们其中的几个，丢到海里喂鱼就可以了，相信他们很快就会安静下来的。"

鲁滨孙兄弟看上去人高马大，很有威慑力，他们说道："先生，如果你下不了手的话，我们可以帮你。"

旗舰上的水手们被吓住了，但是哥伦布却并不想这么做，他耐心地说道："我是奉国王的命令来航行的，你们杀死我其实很容易，但是一旦你们这样做了，回到西班牙之后，如果没有我，国王也会把你们送上绞刑架。"

"3天！"哥伦布平静地说，"再坚持3天，3天不见陆地，就返航！发现新的陆地以后，每人增加一个月的薪酬，第一个发现陆地的人再加倍。"

水手们知道，哥伦布是一个说话算数的人，他说的话也很有道理。

水手们议论了一番以后，一个水手站出来，大声说："上将大人，3天，最多3天，多一天也不行！"

哥伦布沉静地点点头。

水手们平静下来，等待3天以后返航回国。

哥伦布疲乏地躺下去，合上双目，静静地沉思。

3天，短短的3天能不能如预计的一样到达日本呢？万一海图有错误，到不了日本，那么未来的命运如何？

第一天，船队又向西航行了一天，仍然看不到陆地的影子，黄昏的落日沉入西方的水平线下，约定的第一天就这样悄悄地流逝了。

第二天，晴空万里，能见度极高，偶尔也有几只飞鸟掠过桅杆，但放眼四望，除了一望无际的海空外，四周寂静得可怕。

发现了新大陆

哥伦布站在甲板上凝望着西方的落日，真是百感交集，一阵凄楚袭上心头。

回忆10多年来，一直为理想而奋斗，曾经受到多少的讥嘲和辱骂，付出了多少的辛劳和困顿，难道说就此化为乌有吗？

个人的生命不足惜，可惜的是自己的崇高理想，将永远无法实现，耶稣会舍弃我吗？

想着想着，不觉地夜色已深，只有满天的星斗似乎不忍分离而陪伴着他。这时候，秋意甚浓，哥伦布打了一个寒战，慢慢地走回船长室。

现在，只剩下最后一天了。

天色微明，哥伦布拿着望远镜，以迫切期待的心情向西方瞭望。3天的时间已经过去了两天，现在就只剩下最后一天了，如果再没有发现陆地的话，那么一切梦想可就都成为幻影了。

"船长，我得提醒您，今天可是最后一天了！"

接近中午时分，还是没有发现陆地的影子，有些船员已经开始不听哥伦布的指挥了。

船员们三三两两地聚在一起窃窃私语，有些心地较为善良的船员，以一种凄然同情的眼神望着哥伦布的背影，默默地在心中为他祈祷。

"是的，谢谢你的提醒，"哥伦布目光坚定地望向前方，说道，"我的记忆一向很好，但是今天不是才刚开始吗，着什么急，现在，回到你的岗位上去，船队要全速前进。"

这一天，是船队有史以来遇到的风力最大的一天，所以船队也跑得最快，冥冥之中仿佛指引着哥伦布向西前进。

到了下午，还是没有陆地的影子，主谋者已经开始骚乱了。

"今天已经过去了，难道会出现奇迹吗？"

哥伦布以平静的语气告诉他们说："我和你们约定以3天为期，要到今天晚上24时才满3天，在期满以前，我们仍该继续前进，绝不能半途而废。"

"船长，只要你回心转意，答应回航，我们也不忍心让你难堪的。"

"船长，不要太固执，免得大家伤了和气，把事情弄僵了反而不好。"

哥伦布任由他们七嘴八舌地议论，始终不为所动，他瞥见几个粗暴的船员竟然手抚腰间佩刀的刀柄，目露凶光地瞪着自己。

哥伦布的生命受到了巨大的威胁，就在这个时候，船头的那边，突然传来兴奋的欢叫："大家快来看，快来啊！"

水手们蜂拥跑了过去，各自把眼睛睁得大大的，盯着水平线的尽头。哥伦布和几个主事者也都跑了过去。

"什么？看什么？到底发现了什么？"

有一个船员指着水面上漂浮的木板说："看，就在哪里，那块木板上，好像有雕刻的花纹呢！"

"快把它捞上来看看。"

"我来，让我来。"一个船员自告奋勇地去把木板捞了上来。

哥伦布对这块木板仔细地端详了很久，上面雕刻着奇形怪状的图案。他判断这的确是人工雕刻的东西。

"这确实是当地居民的雕刻，没有错，我以前从来没有看见过这样的动物雕刻。"

"船长，那是不是说陆地离我们不远了？"

"是的，距离太远的话，又怎么会漂到这个地方来呢？"

"太好了！陆地就在眼前，谁先发现，谁就可以领赏。"

"对呀，我要做第一个发现者，奖金是属于我的！"

船队骚动了起来，大家争先恐后，有的敏捷地攀上桅杆，有的站在甲板上极目眺望，大家都在注视着那遥远的水平线。

人人的心中都燃起希望的火焰，眼中露出贪婪的光芒。

越来越多的迹象表明陆地就在他们前方，他们发现了树枝，发现了藤条。还发现了一根甘蔗。哦！上帝，有甘蔗，这表明这一带就有人类活动了。

接着又有人发现了一根短棒，这根短棒明显被人雕刻过，上面还刻有甲壳虫的图案呢！

许多人看到了海燕和越来越多的海鸟。当然，最令人兴奋的还是青草。当然，这种青草只生长在陆地上。

"很明显，一切的迹象都表明了陆地就在我们的前方，伙计们，大家加速前进，谁能第一个发现陆地，那一万铜币的奖金就属于他了。"

所有的人都喜上眉梢，过去的一股怨气都抛到九霄云外去了。

当天傍晚，哥伦布依照惯例在甲板上集合全体船员做完祷告以后，向大家宣布说："我们从巴洛斯出发到现在已经两个多月了，依赖神的庇佑，一路上都很平安，我们应感谢神的关怀。"

"现在，我们正在朝着新发现的陆地前进，这是一份荣耀，也是一份责任，所有的人都给我睁大眼睛，用心去做新陆地的第一个发现者。"

"谁先发现了陆地，除了可以获得国王和女王的奖金之外，我个人也会送他一件礼物。"

哥伦布说完以后，甲板上立刻响起一阵欢呼，全船充满了欣喜的气氛。

"陆地，发现新陆地的功劳是属于我的，谁也抢夺不走。"

"一边儿去，奖金，那只有我才有这个资格。"

"胡说，我才是最有资格的。"

"我要奖金，那可是一万铜币呀，够我生活一辈子了。"

时间一分一秒地消逝，少数的星星已经在天边闪烁，光线逐渐地黯淡下来。到了夜晚，却不见陆地的影子，攀在桅杆上瞭望的人疲惫地滑下桅杆，颓丧地躺在甲板上。

有的船员愁眉不展地坐在甲板上，沮丧地说道："又上当了。"

"恐怕又是一场空！"

"上当已经不止一次了！"

"说什么再也不相信那套骗人的鬼话了！"

"嗨，瞭望台上的伙计，你看到什么了吗？"

"没有，能见度太低，到处都是黑咕隆咚的。"

哥伦布如同是石膏像似地伫立在甲板上，向黑暗的海面眺望，他目不转睛地凝视着前方，好像一不留神，就会被它溜掉似的，心头有说不出的紧张。

哥伦布抬头仰望夜空，由于云层浮动，星光忽隐忽现。这是一个漆黑的夜晚，也是一个决定命运的夜晚。

晚上 22 时，距离午夜只有两个小时了。

哥伦布疲乏地打了个呵欠，伸了个懒腰，下意识地走向船头，心情是无比的沉重。

只剩下两个小时了，要是再发现不了陆地的话，他可就真的要葬身大海了，上帝呀，难道你就真的忍心看见你虔诚的信徒被一群暴力分子扔进大海吗？

船队继续前进，海面上昏黑一片，但远处似乎有微弱的光线闪了一下。

"火光！"哥伦布使劲地揉揉眼睛，但是那团光影一闪而过，就再也没有出现过。

"也许是我眼花了吧!"哥伦布心中这样说道。

但是远处好像真的有火光,时隐时现,就像黑夜里的烛光,一闪一闪……

哥伦布的心跳开始加快,他连忙请宫廷派来的官员葛吉艾利斯到甲板上来,对他说:"火光,你看看,那个方向,是不是有火光?"

"火光,是火光,没有错,真的是火光!"

葛吉艾利斯的叫声惊动了整艘船,所有的船员都跑了出来,大家都跑到甲板上。

"火!是火!有火光就有陆地,陆地!陆地!我看到陆地了!"

人类历史上最伟大的时刻即将出现,沉睡了数万年的美洲大陆即将被唤醒,不同文化将融合在一起,共同迈进一个崭新的世纪。

时间是 1492 年 10 月 11 日晚上 22 时,伟大的航海家哥伦布航行了 3472 海里,终于发现了美洲新大陆。

现在他们要做的,就是准备登陆!

命名为 "圣萨尔瓦多岛"

1492 年 10 月 12 日，哥伦布的船队缓缓靠近了这片新发现的陆地。这是一个阳光笼罩着的小岛，就像是哥伦布他们的轮船一样，静静地浮在海面上。

哥伦布穿上闪闪发光的骑士铠甲，腰佩短剑，身披红色披肩，手举西班牙国王的旗帜，走在队伍的最前边。

接下来是"宾达号"的船长马丁和"尼纳号"的船长文生，他们分别擎着绿色十字旗，缓缓跟在哥伦布的后面。再接下来是王室派出的官员和其他船员，他们有的身穿铠甲，有的腰佩弓箭，有的手持短刀，走在队伍的最后面。

有两个人高高举着一支用木头做的十字架。一行人浩浩荡荡、威风凛凛地向岸边走去。

绿色旗帜上，绣有 F 和 Y 的大写字母。F 是代表斐迪南国王，Y 是代表伊莎贝拉女王。只见一片郁郁葱葱的密林横亘在眼前，接近岸边时，和风微拂，鸟语花香，令人神清气爽，备感舒适。

哥伦布手举国旗，神情肃穆地首先踏上他所发现的新陆地，大家一一跟着上岸。在和煦的阳光照耀下，旗帜随风飘荡，哥伦布集合大家跪下祈祷，赞美神的恩典，大家低头祷告，没有一丝的喧哗、叫嚷，每个人都热泪盈眶。

哥伦布命令水手们把十字架高高树立在这块新的土地上，这是他的宗教思想和目的，他要在这块土地上传播基督教义。

哥伦布慷慨激昂地说道："由于上帝的指引，我们穿越了浩瀚的海洋，终于到达了东方，感谢上帝……"

说到这里，哥伦布面对着十字架缓缓地跪下，亲吻着脚下的这片土地。就在嘴唇碰到泥土的瞬间，哥伦布泪流满面。

18年的血泪和辛苦，今日终于如愿以偿，当时的心情已不是任何言语所能表达出来的。

哥伦布亲手将一面迎风招展的西班牙国旗插在岛上，神色肃穆地说道："我现在郑重宣布，克里斯托弗·哥伦布发现此岛，并以我西班牙国王及女王陛下的名义永久占领。"

然后是签名仪式，副官葛吉艾利斯先生拿出羽毛笔，蘸了墨水之后在羊皮纸上记录下这一切，然后按照先后顺序，大家签名作证。

哥伦布第一个签名，他写的是：

大西洋海军上将、副王、世袭总督克里斯托弗·哥伦布

人群发出了欢呼声，大家都激动得难以自已。

哥伦布将这个岛命名为"圣萨尔瓦多岛"，意思是救世主岛的意思。它的原名为华特林岛。

岛上居住的土著居民还生活在原始社会，无论是男人、女人还是小孩，都赤身露体，但体格却很强壮，脸上涂着红、白两种颜色，样子看上去很怪异，但是并没有恶意。

土著人们的惊惧是无法用言语来表达的，他们生活在与世隔绝的环境中，与他们交往的也都是同一地缘的种族。

他们很早就看到了哥伦布的大帆船，但是这种船他们从来没有看见过。土著人们也有自己的船，但都是独木舟，就是那种用一块木头做成的小筏子。

他们以为这是从海底上冒出来的怪物，他们以为那高高扬起的白帆是天使的翅膀，看到怪物在那里自由自在地走着，他们以为这是"从天上来的人"。

他们对哥伦布的这一身打扮充满了好奇。起先他们见到这一队人马的怪异装束，还佩有刀剑，惊怕得躲进密林里去。

看到哥伦布领头跪下祈祷，通过仪式他们知道哥伦布就是这支队伍的首领。虽然不懂得他们在那里做什么事情，但是看上去很庄重的样子，就和他们的祭祀典礼一样。

强烈的好奇心驱使着这些善良的土著居民三三两两地凑上前来，带着一种惶恐的心情来朝拜这些天上来的人。

哥伦布微笑着向他们招呼，使他们更放心了，纷纷地围拢过来。

土著人从来没有见过外界的人，盯着哥伦布的白脸反而觉得很奇怪，他那身耀眼的铠甲和披肩，他们更是投以惊奇的目光。

土著人一会儿摸摸哥伦布的脖子，一会儿摸摸他的手，感觉很新奇，就像是小孩子看见新事物一般，把眼睛睁得大大的，充满了强烈的好奇心。土著人这种天真无邪的神态把哥伦布忍不住逗笑了。他仔细打量这些土著人，发现他们身上奇形怪状的图案是用植物的液汁调着黏土画上去的。

他们真正的皮肤是红铜色，头发并不弯曲，但前面剪得短短的，而在脑后的部分，长长地留着，发辫似的披在肩上。他们的眼睛炯炯有神，额头很高，看起来性情淳朴忠厚，个个都很健康。

土著人对哥伦布的佩剑特别感兴趣，哥伦布抽出来给他们看，一个土著人一把抓住剑锋，结果马上就惊叫着跑开了，他的手给割开了一个口子。当时土著人还没有铁器，当然不懂得佩剑的锋利了。

两种不同文化的民族碰撞了，又会产生一种什么样的火花呢？

美洲印第安人

一开始双方存在着语言上的交流困难，哥伦布派出翻译去和他们交流，但是翻译根本听不懂土著人说的话。土著人也听不懂翻译说的话，不管翻译说的是什么，他们都听不懂。

于是，他们使用了人类先天上最原始的交流，用手语开始交谈。

"你好，我们是西班牙人，不会伤害你们的。你们不要害怕，这里是印度吗?"西班牙翻译说。

"西班牙? 有这样的牙齿吗?"一个土著人这样问道。

"他们为什么要用布块把身子围起来呢?"另一名土著人说。

"大概他们都是长尾巴的人吧，这样的话就不会被人看见了，哈哈。"一名异想天开的土著人哈哈大笑说。

"对，对，肯定是这样，哈，哈，长了尾巴的人。"所有的土著人都哈哈大笑起来。

西班牙人不知道这些土著人为什么发笑，但是看他们笑得很开心的样子，也只好跟着他们一起傻笑:"哈哈哈，哈哈。"

最开始的交流有点像是"鸡同鸭讲"，虽然双方之间很热闹，但是实际上等于没讲，因为谁也不知道对方在说什么。

哥伦布下令，要和这些土著人友好相处，任何人都不得伤害这些土著居民。很快地，从彼此友善的眼神和动作上的接触，双方的感情越来越接近了。微笑是人类共同的友善象征，靠着它，可以使敌意和戒惧消失。

土著居民和西班牙人开始熟悉了起来。

哥伦布以为已经到了印度东海岸的一个小岛，就把这些土著人叫作印第安人，就是印度人的意思，这也是现在美洲印第安人名字的由来。

哥伦布当场以红色的帽子和玻璃珠的饰物作为礼品，赠送给他们。印第安人明显很高兴，他们点头咧开了嘴巴笑着接受，然后高高兴兴地离开了。

没过多久，印第安人就捧着一大堆的水果跑来送给哥伦布，看样子，他们也懂得礼尚往来的道理。

哥伦布等一行人在岛上略为巡视一番，就再乘坐小船艇到船上去休息，仅仅是一天之隔，整艘船上的气氛已截然不同，过去那种焦虑、不安、失望、恐怖，甚至阴谋叛变的情形早已消失得无影无踪。

每个人的脸上都带着笑容，心中充满了信心，他们对哥伦布的勇毅、果断以及正确的判断更是由衷地崇敬。

经过70多天的海上颠簸、困扰，实在需要痛痛快快地休息，人们满怀喜悦地酣然入梦。

第二天的清晨，就有许多土著人划着独木舟，带着水果以及一些土制食物来和船员们交换玻璃珠等饰物。那种以某种植物根制成的面包，想必就是他们的主食吧！

除此之外，他们再也拿不出其他任何不同的东西来。哥伦布心中一叹，这样看来，这个岛并没有自己想象中的那么富裕。

"快看，那个人的鼻子上套着黄金的鼻环呢！"突然间，哥伦布听到了一个船员惊诧的声音。

哥伦布一看，果然那个鼻环确实是黄澄澄的金子做的。

"你的金子，是从哪里得到的？"

哥伦布把那个印第安人请到船上来，用手势比画，想探听出金子的来源。印第安人指着南方，同时双手不断地比画着，意思是说，那儿，在南方，那里有一个很富有的国家，那里的国王吃饭的盘子都是黄金制成的。

印第安人又指指北方，比画着说，那儿，在北方有一个爱打仗的民族，他们坏透了，常常来抓我们的人。

哥伦布心中一亮，终于发现一点和《马可·波罗游记》能够相符合的事情了。那个东方的黄金国就连宫殿的房顶都是用黄金铺就的，那么吃饭用金饭碗，也就不足为奇了。

至于这个印第安人口中所说的北方那个好战的民族，那一定就是马可·波罗曾经做过官的，好战的蒙古大皇帝忽必烈。

没错，肯定就是这样。哥伦布心中狂喜，他忍住心中的激动，从岛上选中了几个较为聪明伶俐的土著人，每天教他们西班牙语，希望他们做向导和翻译，带领探险船队向黄金之国进发。

在圣萨尔瓦多岛的四周，还有很多大大小小的岛屿，随着船队的前进，连续看到许多树林苍翠的美丽海岛，看起来，土地肥沃，气候温和，适合人类居住。

哥伦布的船队，沿着巴哈马群岛，一个岛一个岛地沿东南航行。这个群岛由许许多多极其美丽的珊瑚岛组成，散布在大西洋的加勒比海的东部。

它四周的海水是世界上最清澈的，晶莹、透明。环绕这些小岛的珊瑚礁、沙滩，在热带阳光的照射下，变幻着各种奇妙的颜色。岛上树木丛生，一片葱绿。

哥伦布的船队曾经在其中的三个岛屿停泊过，分别给它们命名为"圣母玛利亚"、"斐迪南"和"伊莎贝拉"，用来纪念圣母玛利亚、西班牙斐迪南国王和伊莎贝拉女王。

这些岛屿上的居民，也都是未开化的土著人，他们对这一群欧洲来的文明客人惊为天神，纷纷献上各色水果和土产作为礼物，表示敬意。当然，哥伦布也都回赠给他们一些小礼品以示亲善。

寻找 "黄金岛"

　　哥伦布率领船员们在这几个岛上巡视，发现各地景色优美，缓缓的溪流，清澈的河水，水里的游鱼可数。树林里栖息着各种鸟，树上结着见所未见的果实，让这一群人目不暇接，看得眼花缭乱，兴奋不已。

　　可是尽管岛屿是如此的美丽，岛上居民的生活却是相当的寒酸，一点都不像是马可·波罗所说的黄金国居民的样子。哥伦布心中多少有点失望，这显然不是他所要追求的黄金岛。

　　那么，真正遍地黄金的国家又在哪里呢？

　　印第安人向导用生硬的西班牙语，并且不断地用手势比画说："在西南方还有更大的岛，叫作古巴干那岛，那里有更多的黄金、珠宝和香料等。"

　　哥伦布一听，郁闷顿时一扫而空，他感到极为兴奋。心想，那必定是"黄金之国"——日本了。于是他下令向西南疾驶而去。

　　哥伦布率领的船队历尽千辛万苦，于1492年10月28日抵达了这座叫古巴干那的岛，也就是现在的古巴岛，只见这座岛屿山高林密，溪谷的流水注入海湾，是一座美丽的岛。

　　哥伦布一行人步行上岸，一路向内陆进发，走了很久，所见的都是用棕榈叶做屋顶的简陋房屋，根本不是想象中以黄金为屋顶的巍峨建筑。

　　印第安人也都是全身赤裸，以捕鱼为生，看起来非常贫困。

　　哥伦布心里不免失望，但又不死心，他再询问向导。

　　"古巴·纳汗，古巴·纳汗，"向导伸出4个手指比画说，"古巴·纳汗那里有很多很多的黄金，但是到那里要 4 天的时间。"

"古巴·纳汗？那是什么汗？"

哥伦布想了半天，忽然想起一件事情来，那个国王一定就是马可·波罗曾经在那里做过官的蒙古汗国的皇帝——忽必烈。

哥伦布认为金碧辉煌的宫殿就在里边，于是派遣懂得几种语言的翻译率领几个干练的水手去谒见国王。

哥伦布将临行前西班牙国王和女王留给他的信件拿了出来，交给翻译，说："你去谒见国王时，告诉他，我们愿意与他们友好相处，并把西班牙国王的御函呈递上去，顺便多带些黄金回来。"

哥伦布说完之后，亲自给他们送行，并且吩咐他们早点回来。

10 多天以后，这群出使的使者回来了，每个人都垂头丧气的。

哥伦布已经从他们的脸色猜测出这一次的出使大概不会得到理想的结果，但他还是满怀希望地问道："怎么样？见到蒙古皇帝忽必烈没有？"

一个使者败兴地说道："没有，什么都没有，大概去皇宫的路还要远着吧，我们在森林中走了好几天，一路上也零星地见到了几个小部落，他们的生活都很穷困，和我们之前遇上的土著部落都差不多。"

"我们拿出一点玻璃珠给他们，他们就很开心，带着我们去住最宽敞的屋子，拿最好的食物给我们，还送给我们一些稀奇的水果。"

"我们希望能找到黄金和香料，于是把样品拿给他们看。他们用手势指着南方，我想那意思是说在更远的南方才有这些东西吧！"

"我问他们有没有很高大的屋了，他们只是 ·个劲儿地摇头，我爬到山上往下看，到处都是丛林，一点都不像是城市，甚至连个小城镇都没有，所以我们就都回来了。"

"原来如此，真是辛苦你们了！"

哥伦布内心的失望可想而知。不过，身为一名船长，对部下的辛劳，仍然表示了一番感激。

"不过，船长，虽然没有找到黄金国，但是我这次却带回来一个奇怪的东西呢！"

一名使者从袋子里拿出一根暗茶色像是短棍一样的东西，递给哥伦布。哥伦布接过来一看，显得很诧异，这种东西他以前从未见过，放在手里掂量了一下，不算很重。放在鼻子前嗅一下，好像还有一种香香辣辣的气味。

"这是什么呀？"哥伦布好奇地问道。

"印第安人把它叫作塔巴可，即烟草。"

"土著人把它卷起来，用火在一端点燃，然后用嘴在另一端猛吸，吸完吐出一股白烟……"

哥伦布满脸都是好奇，他按照那名使者所说的，将它做成一根烟卷，点上了火，犹犹豫豫地放到嘴中，猛然吸了一口。

"咳，咳……呸，好辣……这种东西竟然也有人会去吸它。"

"船长，给我试试。"

"给我也试试。"

四周的人们一个个都忍不住好奇，争着试吸。你一口，我一口，大家都被呛得咳嗽不已，一边咳，一边笑，闹成一团。一下子就变成了咳嗽声和笑闹声的乐园。

不知不觉，船员们就迷上了这种烟草味，以后回航的时候就带回了欧洲大陆。

直至现在，烟草都是风靡世界的一种物品呢！

"宾达号"的失踪

在这个岛上找不到传说中的黄金岛，让哥伦布非常失望，但是后来又听说在东方的一个岛上存在着大量的黄金，那里的土著居民用筛子先搜集沙金，然后又把沙金炼成金条。

黄金！所有人的心中又再度燃起了希望之火，他们此行的目的很明确，就是想要发现大量的黄金，只要是有关于黄金的信息，他们都会不顾一切前去证实。

船队决定前往东方，去访问那个岛屿。但是船队航行得并不顺利，出航仅仅一天就遭遇了前所未有的风暴，船队又被吹回了古巴岛。哥伦布决定船队暂行休息，等风暴过去再行出发。

"宾达号"的船长马丁本来就是一个勇敢而富有航海经验的航海家。他财力雄厚，声望也高，这一次的航行，他提供了船只和人员，并垫付了1/8的费用。

不过，马丁也是一个野心勃勃的人，他希望享有和哥伦布同等的权力，不愿意事事听命于哥伦布。一开始出航的时候还好，但是现在，他想和哥伦布争功，独行其是。

第二天清晨，只见浓雾弥漫，古巴岛在迷雾中若隐若现。上午9时，"尼纳号"的轮廓已经逐渐显露出来，但是"宾达号"却不见了。

"宾达号"的失踪对哥伦布来说是一个严峻的考验，马丁把船开走肯定有自己的企图，他可能是去独自冒险，想要寻找黄金岛，霸占那里的全部财产。也有可能是匆匆忙忙往西班牙赶，想要把这里的情况抢先一步告诉西班牙国王和女王，好独自邀功，得到很多的奖赏并受到重用。

不管是哪种情况，对哥伦布来说，都是不能大意的，他怀着沉痛的心情在海上搜索寻找"宾达号"的踪影。哥伦布一边继续不断地搜索，一边在古巴沿岸一带游巡，在东南方又发现了一个美丽的岛屿，哥伦布为它取名为阿尔法岛，即有始有终的意思。

从这个地方继续往前走，又发现了一个更大的美丽岛屿，岛上有高山、密林，也有广阔的草原和湍急的溪流，四周的景色跟西班牙极为相似，哥伦布为它取名为西班牙岛，即现在的海地岛。

哥伦布的船开到了岛屿的西海岸，他把这个海湾命名为圣·尼古拉斯湾，就在他准备登陆的时候，岛上的居民看见他们的船，吓得都跑到密林中去了。

哥伦布于是又改变了主意，船队继续前进，开到了岛屿的北部海湾，将之命名为康塞普辛湾。船员们上岸的时候，所有的印第安人都跑光了。

"快，去抓住她。"

哥伦布看见有一个女孩跑在最后面，连忙对船员们说道。这个女孩被抓到后，哥伦布命令船员给她松绑，并且不准任何人伤害她。

船员们都好奇地围在这个女孩的身边，有的给她送上衣服，有的为她戴上项链，还有的送给她"叮当"作响的小铃铛。

经过一番简单的装扮，这名印第安女孩变得更加漂亮了。最后，这个印第安女孩被放了回去。

"船长，为什么还要放她回去呢?"

看见船员们眼神中的困惑，哥伦布笑着解释说："我们这样做，这些土著居民就会知道我们的善意了!"

果然如此，第二天哥伦布派出去的几名水手受到了印第安人的盛情款待。印第安人给他们送来了各种珍奇的水果，还热情地邀请他们留下来过夜。

正在这个时候，昨天被哥伦布抓住的那个印第安女孩出现了，她被几个男人抬着出来，其中一个还是她的丈夫，他们再三地向船员们表示感谢。几名船员受到了最诚挚的接待，他们在岛上参观，可是这里虽然土壤肥沃，植物茂盛，但是看不到任何黄金的影子。他们只能失望而归。

哥伦布心想，这里既然有这么多的岛屿，那么总会有一个岛屿是盛产黄金的，只要挨个寻找，总会找到的。抱着这种"撒网式"寻找的心态，哥伦布命令船队每天都出去巡逻。

1492 年 12 月 16 日，一名划着独木舟的印第安人在波涛中出没，来到了哥伦布的旗舰上。

"请问，你找我有什么事情吗?"哥伦布很热情地对这名印第安人说道。

"我是瓜卡纳加利大酋长的使者，我们大酋长听说了阁下的事迹之后对阁下很感兴趣，想邀请阁下到我们岛上做客。这是我们大酋长送给阁下的礼物，小小礼物，不成敬意。"

原来，哥伦布对印第安人真诚以待的事情已经传遍了整个印第安部落，这些同宗同源的印第安人口口相传，争相邀请哥伦布来他们部落做客。

这名使者竟然是瓜卡纳加利大酋长的总管，天呀！这礼节可真重呀，这相当于是西班牙内政大臣亲自出迎的规格啊！

使者说完，献上了瓜卡纳加利大酋长送给哥伦布的一条腰带。这几乎是哥伦布登陆这片土地以来收到的最珍贵的一件礼物。

"玛利亚号" 触礁

　　这是一条刺绣着白色和红色鱼骨的有 4 指宽的腰带，工艺精湛，腰带的中间镶嵌着一个用黄金制作而成的面具，面具上刻有耳朵、鼻子和舌头，坚硬无比，就算是子弹也无法将它穿透！

　　哥伦布接受了瓜卡纳加利大酋长的邀请，但是他心中还有那么一点点的不放心，于是就派几个船员到那个部落去打探一下消息，看看他们的友好程度。

　　结果，这群使者受到了最热烈的欢迎。他们纷纷拿出了家中的一切物品来招待使者，其中还有小金块和 5 只大肥鹅。等到西班牙船员要回去的时候，印第安人还争先恐后地将他们背在身上，跨过河流，穿越沼泽，小心翼翼地护送他们回去。

　　这个世界上还有什么民族能够比得上印第安人的赤诚之心呢？没有了，再也没有了，和欧洲大陆尔虞我诈的环境比起来，善良、淳朴的印第安人就像是上天的宠儿，他们才是真正的基督徒。

　　几个出使的船员们绘声绘色地描述在部落受到的欢迎，然后说道："船长，他们是我们遇到的最好客的民族，这次只有我们几个人去，大酋长表示非常遗憾，并且无论如何也要邀请您前往，船长，我看人家一番心意，你就过去参观参观吧！"

　　"嗯，原来是这样，辛苦你了，我去。明天就是圣诞节了，我们今天晚上出发好了，明天还能过上一个与众不同的圣诞节呢！"

　　哥伦布答应了下来，其实他心中也挺着急，一直找不到黄金岛的下落，也许这一次能够从这名大酋长口中得到点消息。

　　晚上 23 时，哥伦布的船队进入了瓜卡纳加利大酋长部落所在的海湾。这个时候风平浪静，一切看上去都很安定。

哥伦布来到驾驶室，对舵手说道："昨天晚上我一夜没有睡觉，现在很困很疲倦，我回卧室睡一会儿，从现在开始，由你来掌舵，有问题吗？"

"放心吧，船长，"舵手拍拍胸膛说道，"我的技术你还信不过吗，您只管放心地去睡觉去吧，一切有我呢！"

"切不可大意，记得盯紧水面，别忘了，从现在开始，整艘船的安全就都系在你身上了。"

"放心吧，船长，我向你保证，等你在睁开眼睛的时候，我们已经到达大酋长的部落了。"掌舵手把自己的胸膛拍得很响，看起来很诚恳的样子。

哥伦布回到卧室去睡觉后，这名掌舵手就打起了哈欠，对旁边的水手简单地交代说："船长去睡觉了，我也去睡一会儿，掌舵的事情就拜托你了，没有问题吧？"

"放心吧，先生，有我在这里呢，你就去睡吧！"那名水手十分爽快地说道。

掌舵手大大咧咧地回到船舱睡觉去了，把他之前对哥伦布所保证的话就像是废纸一样丢进了海水中。

等到掌舵手离开之后，这名老水手也是哈欠连连，于是他有模有样地对见习水手说道："见习水手，我的眼皮子不听使唤，现在交给你一项重大的任务，从现在开始由你掌舵，明白了吗？"

"是，先生。"见习水手一脸严肃地回答说。

于是，本来是一件很严肃的事情就这样从哥伦布的手中转到了掌舵手的手中，掌舵手又毫无责任感地丢到老水手手中，老手水依样葫芦地丢给了见习水手。

见习水手一开始很兴奋，因为他一直都想要尝试掌舵，但是由于船上有明确的规定一直没有机会，现在机会终于来了，他感到十分

兴奋。

但是这种兴奋感随着时间的流逝就一点一点地减少了，到了午夜，所有的人都睡着了，整艘船上就只剩下了见习水手一个人。

"啊……好困呀……船长睡觉了……掌舵手也睡觉了……老水手也睡觉了……我也睡觉吧！"

见习水手这样想着，就趴在控制台上睡着了。"玛利亚号"几乎是在没有人掌舵的情况下，神不知鬼不觉地在海面上漂荡了整整一夜。船身受到潮流的冲击，像喝醉了酒似的东倒西歪地乱撞。

等到这名见习水手忽然警觉，睡意全消而企图挽救时，却已太迟了！湍急的海流使船撞上暗礁，船身立即倾斜而搁浅在暗礁上了。

"不得了啦，不得了啦！"

船被淤沙陷住了，动弹不得，见习水手吓得脸色苍白，连忙大声呼喊。

"出什么事情了？"

听到见习水手惊恐的叫喊声，掌舵手和老水手愣了一下就被惊醒了，他们慌忙跳了起来。

"触……触礁了！"

见习水手胆战心惊地说出了让人害怕的话语。

"该死的。"

这个时候已经不是追究责任的时候了，掌舵手和老水手这个时候只能暗自骂了一声，却也感到手足无措。

惊叫声吵醒了哥伦布，他连鞋子都来不及穿，三步并作两步地奔向甲板，一看就知道情况十分严重。

哥伦布沉着而镇静地指挥那些吓得不知所措的船员说："我们要赶快抢救，先放下小艇，把锚装上小艇，赶快划出去，以便把大船拖离暗礁，要快，绝不能拖延！"

这些刚从梦中惊醒、突然遇到这种严重情况的船员们个个惊慌失措，犹如仍在梦中。

大家虽然七手八脚地把小艇放下去，却争着逃命，压根儿就没有想到把锚装上小艇以便拖离大船的这档子事，他们尽力向"尼纳号"划去，请求救援。

"尼纳号"的船长文生看到这种情况，气得顿足大骂："不，你们不能上船，你们这群无耻的混蛋，不先去救大船，逃到我们这里来干什么？救大船要紧，快滚回去！否则，你们就留在海里喂鲨鱼吧！"

小艇上的人被他一顿臭骂后，这才想起哥伦布叫他们把锚装上小艇以便拖离大船的事，赶紧拼命地往回划去。

文生·鲁滨孙亦立即派小艇载着健壮的船员去帮忙抢救。

无奈风强水急，"玛利亚号"的船舱已被礁石撞破，无情的海水直往船里灌，船身倾斜得更厉害，眼看就要翻覆。

黎明时分，海潮渐渐退去，"玛利亚号"已经千疮百孔，搁浅在海滩上，再也没有办法拯救了。

这艘旗舰自从西班牙出发以来，历尽千辛万险，穿过重重阻碍，与哥伦布共患难长达七八十天，它没有在大西洋的狂风怒吼中丧生，却在这平静的海湾中毁灭了。

这是谁的责任？这是谁的悲哀？

看着搁浅在海滩上的"玛利亚号"，哥伦布心中说不出来地难过，他实在不忍舍弃它。可是，现在不弃船也不行了。

哥伦布作了沉痛的决定，下令把船上的重要物资搬上小艇，运送到"尼纳号"上去。这时候，文生派来的小艇也一同参加抢救工作。哥伦布也派人向大酋长求助。

当大酋长知道哥伦布的船在暗礁区出了事时，马上派出了村里所有的人，全力以赴，大家纷纷划着独木舟前来帮助船员搬运货物。

折腾了一天，总算把船上的粮食、弹药、武器以及一些重要物资全部抢救了出来，转到"尼纳号"上去。

建造殖民地堡垒

"玛利亚号"上面的所有物品几乎都是印第安人帮忙搬运的，更令人可贵的是，这群赤身露体、一贫如洗的印第安人品德高尚，路不拾遗，他们与那些从欧洲旧大陆来的唯利是图、贪生怕死的衣冠禽兽相比，简直就是道义的典范。

印第安人在这次搬运过程中，无论多么细小的东西他们都小心地看管。事后清点财物的时候，西班牙人吃惊地发现他们没有丢掉一根绳子、一双袜子、一颗钉子。

印第安人没有拿走西班牙人的任何一样东西，哪怕这件东西是他们所喜欢和珍爱的。他们的品德之高尚让西班牙人为之赞叹。

哥伦布深有感触地说道："他们的品德是如此的高尚，丝毫没有旧大陆的不良习气。我认为，这个世界上再也没有比他们更善良、真诚、纯洁和不虚伪的了。"

为了让西班牙人尽快从悲伤中走出来，印第安人想尽了各种办法，他们拿出最好的食物，做了上等的美味佳肴给哥伦布他们品尝，那种由甜番薯、土豆和龙虾等组成的食物是欧洲大陆无论如何也吃不到的。

大酋长还召开了盛大的聚集会，并召集了印第安人来跳舞助兴，他们用尽心思，想要让哥伦布的心情好起来。印第安人的热情给了哥伦布很大的精神慰藉，但是谁也没有想到，最终治愈好这些西班牙人心病的竟然是那些闪闪发光的黄金。

有一天，大酋长正在安慰哥伦布的时候，一个印第安人划着独木舟过来了，他拿出了一块黄金，双手不断地比画着，要与一名船员交换铃铛。

那种在欧洲大陆十分普遍的、最为廉价的铃铛竟然是印第安人的最爱，他们用西班牙人梦寐以求的黄金来作交换。这是一种非常不等价的交换，如果是在欧洲，这样一块黄金够买足足一大车的这种廉价铃铛。

但是在这里，这种物物交换却习以为常。而且双方之间还都很乐意，你情我愿。

大酋长马上敏锐地发现哥伦布似乎对黄金特别感兴趣，于是他知道怎么治好这位首领的心病了。

大酋长高兴地说："你想要黄金？希巴奥就在附近，那里有的是黄金，要多少有多少，我这就派人去给你取来。"

"希巴奥……那一定就是日本了，黄金岛，哈哈，我终于找到你了。"哥伦布马上转忧为喜，他的心思马上活跃起来。

"尼纳号"的船身比"玛利亚号"小，怎能容纳得下这么多的人员和物资呢？眼下如果全队返航，那根本是不可能的事情，为今之计，只有留下一部分人来驻守本地。

当哥伦布把这个决定向船队通报以后，这群已经被黄金迷失了方向的西班牙人纷纷表示愿意留下来驻守，谁不愿意抢在旧大陆那些贪婪者到来之前先把大把大把的黄金装进自己的口袋呢？

因此哥伦布预想中的反对情绪非但没有出现，反而是这些船员三番五次地去找他，要求主动留下来。哥伦布从中挑选了可靠能干而又聪明伶俐的40个人，并且交代给他们两个任务，一个是学习印第安人的语言和生活，尽快地融入到他们的生活中；另一个就是搜集更多的黄金，打探清楚这一片领地上到底有多少黄金，等到他回来的时候好进行大规模的挖取。

天真善良的印第安人得知有些西班牙人要留下来，高兴得不得了，他们真诚地帮助西班牙人建筑房屋，营造堡垒。小城建成之后，

哥伦布为它取名为纳布伊达特，意思是圣诞节。

这，就是欧洲殖民主义者在美洲大陆建立的第一个殖民点。美洲印第安人的悲惨命运从此开始了。

跟印第安人的破茅屋比起来，哥伦布建造的圣诞堡堪称是雄伟无比，有房子，有瞭望塔，有防御工事，有壕沟，还有储藏食品的地窖。

知道哥伦布马上就要离去，大酋长忧心忡忡地说："你这一走，那些吃人的加勒比人就又要来抓我们的人了。"

对于大酋长口中所说的加勒比人吃人的事情，哥伦布并不相信，他认为这只是迷信的说法而已。但是为了让大酋长安心，哥伦布决定向他展示一下大炮的威力。

哥伦布命令人把一门大炮搬到海滩上，对着海滩上触礁的"玛利亚号"发射，炮弹把船炸得粉碎，到处都是飞沙走石。

印第安人吓得捂着脑袋到处跑，就连大酋长也吓得脸色苍白，瑟瑟发抖。他们最终不断地喊着："雷公神，雷公神。"

哥伦布安慰大酋长说："不要害怕，我们有火炮在，如果那些吃人的加勒比人敢过来骚扰你们，我的部下会帮助你们打跑他们的。"

其实哥伦布这么做并不仅仅是为了让大酋长安心，同时也是为了警告这些印第安人，不要把西班牙人当作敌人。

毕竟在这块土地上，他们才是最原始的主人，不论是数量还是对当地的熟悉程度都比西班牙人要占优势。他这样做，一方面是警告印第安人，另一方面也让留守的西班牙人安心。

1493 年 1 月 2 日，哥伦布向大酋长告别，当着全部留守人员的面，他神色庄严地念了一篇告别辞——《对印第安人要以仁慈为本，并且以身作则》，基调令人哀伤，想必是一种不祥征兆。

1 月 4 日，哥伦布带上 4 个印第安人和一些黄金，坐上"尼纳号"，宣布返航。

遭遇特大风暴

哥伦布终于要返航了，他此行的目的很明确，新岛屿已经发现，而且黄金岛的消息已经获得，他现在要做的，就是尽快返回西班牙。

"宾达号"的船长马丁一直消失没有出现，哥伦布心中有一种隐忧，也许马丁已经率先返航了。

如果马丁先把发现新岛屿的事情告诉西班牙女王，那么事情可就糟糕了。到时候哥伦布所有的努力可就都"为他人作嫁衣裳"。

"尼纳号"离开了海地岛，孤零零地往东航行，准备返回西班牙。水手们又唱起了思乡的歌曲，但感情是欢快的，充满希望的。

两天以后，天色微明，在桅杆上瞭望的水手忽然高声喊叫："船！我看到一艘船。"

哥伦布从船楼过去，发现海面上有一艘帆船正在向东驶去。他下令"尼纳号"向那艘船靠近，那艘帆船也仿佛看到了他们，也在向这边靠过来。

"'宾达号'，那是'宾达号'！"水手们大声地喊着。

的确，那艘帆船正是"宾达号"，自从它在古巴岛北岸神秘地失踪以后，现在又在海面上神秘地出现了。

当这两艘船一前一后靠得很近的时候，从"宾达号"上放下一只小艇，4名水手把马丁送了过来，当他们爬上"尼纳号"的绳梯跳上甲板时，哥伦布向马丁伸出手，一如既往地欢迎了他。

马丁满脸羞惭地向哥伦布辩解说："那一次的暴风雨把我们吹散，我一直都在寻找你们呢，绝对不是故意逃跑，务必请您原谅。"

哥伦布心里何尝不明白这是他的诡辩，但表面上仍不动声色，因为这时候争吵起来不仅于事无补，反会引起不良后果。

两艘船上的水手大部分是鲁滨孙兄弟俩招募而来的，是他们的亲戚、朋友，当初为哥伦布垫付航海费用以及调集船只的也是鲁滨孙兄弟俩。

再说，宽以待人、既往不咎是待人之道，只要是对方还有点良知的话，必会因内疚而忏悔，这比责罚他更有效。

哥伦布以平静而温和的语气回答他说："我知道，只要大家平安无事就好了。别忘记出发前你所发的誓言，回去吧，上帝是仁慈的。"

事实上，"宾达号"确实单独地去寻找黄金，由于这一群人的公开抢劫，印第安人忍无可忍，便爆发了一次大规模的冲突。印第安人虽然只有弓箭和长矛，但他们人多、勇敢。"宾达号"有6名水手丧生，其余的逃到船上。

这一次在返航途中和"尼纳号"相遇，那倒是纯属偶然。马丁来认错，主要目的是想看看哥伦布的态度，并给自己留一条后路。

"尼纳号"和"宾达号"一前一后地往东航行，开始20多天，正好刮着强劲的西风，航行非常顺利。

但接着就遇到了风暴，这次可怕的大西洋上的飓风，不仅哥伦布从来没有遇到过，就是那些终年航海的老水手也都没有遇到过。后来他们平安回到西班牙以后，谈到这次风暴，仍然是心有余悸，谈虎色变。而且有的人表示，无论如何再也不参加哥伦布的第二次航行了。

"隆！隆！隆！隆！"一阵阵可怕的怒涛冲击着"尼纳号"，睡在床上的哥伦布突然被怒涛声惊醒了，吊灯猛烈地摇晃，桌上的东西滑落满地。

在狂风怒吼、惊涛拍击声中，哥伦布听到瞭望楼上的船员声嘶力竭地叫嚷着什么。

哥伦布正想从床上坐起身来，但船身像荡秋千似的忽上忽下，他立刻又被摔了回去。经过一阵挣扎，哥伦布穿上他的长筒靴，好不容易扶着门框走出了船长室，然后握紧铁梯，东歪西倒地起身向上爬。

天空中繁星点点，海面上的巨浪像耸立着的岩石，风声、浪涛声以及船员们的惊呼声、嘶吼声交织成一片。东北方连连地出现闪电，哥伦布知道这是暴风来临的征兆。

一团团乌云像黑色魔鬼在天空狂奔，成群的海鸥在低空乱窜。海浪越涌越高，船身在大海中猛烈地颠簸、摇晃起来。

海浪一会儿把"尼纳号"举上浪尖，一会儿又把它摔进浪谷。那狂怒的海浪，好像从天空盖下来一般，扑上甲板，流进船舱。

哥伦布全身湿透了，他拼命抓住绳索，命令水手降下主帆和所有三角帆，坚守各自的岗位，他用尽了一切航海经验和智慧，大声呼喊着，指挥水手和风暴搏斗。

狂风越刮越猛，雨点越下越密。海浪一次又一次要把"尼纳号"掀翻。突然指挥舱上的小桅杆一下子断成两截，从半空中直插下来，差一点砸在哥伦布的头上。

这时候，一个巨浪袭来，哥伦布用力地甩了一下头，抹掉脸上的海水，镇静而沉着地指挥着船员们。天空也越来越黑，简直像黑夜一样，大海苍天，一片昏暗。浪涛像一座座的小山，一波又一波地袭来，好像不把船吞噬掉就不肯罢休的样子。

哥伦布和所有水手都在尽自己最大的努力挣扎着，他们只有一个信念，一个目标，那就是不让"尼纳号"沉没。

抛入大海的小木桶

船身在狂涛中摇摆，哥伦布艰难地用手给"宾达号"发出信号，意思是说："不要离开本船。"

"宾达号"很快就收到了旗舰的信号，也回复说："不要离开本船。"

两艘小船在狂风怒海中摇摇晃晃，一面前后呼应着，一面互相安慰着，与狂风怒海作拼死的斗争。

但是，"宾达号"的信号灯却在狂风中越来越弱，越来越远，突然间猛的一个恶浪扑来，"宾达号"的信号灯彻底消失了。

哥伦布率领着船员们在大风暴中垂死挣扎了一个晚上后，终于迎接到了第二天的黎明。

"船长，'宾达号'失踪了。"一名水手说道。

"我知道，命令所有的船员们都快进船舱，赶快吃点东西，这鬼天气看起来不像是会那么早结束的，我们接下来有苦日子了。"

哥伦布站在船头，看见海面前方尽头的水平线上，不断有闪电闪过，他感受到了暴风雨来临前的恐怖压力。现在"宾达号"已经失踪，就只剩下"尼纳号"独自在怒涛中挣扎了。

果然，到了下午，天完全笼罩在一片黑云之中，可怕的大风暴就像是要把海底的水给彻底翻卷起来一般，来势凶猛，真好像发了狂。

有好几次，"尼纳号"的半截船身都栽到了水里，眼看就要被大海吞没，但海浪又把它推了上来。

已经有两名水手被卷入大海，他们连呼救都来不及，就被凶恶的海浪埋葬了。在这种情况下人根本站立不住，为了避免再出事故，船员们个个都把绳索一端捆在腰部，一端捆在桅杆上，这样万一落水的话可以被拖救上船。

哥伦布率领船员们奋斗了三天三夜，一个个筋疲力尽，但风暴却一点也没有减弱，主桅杆"吱吱嘎嘎"地响个不停，好像"尼纳号"立刻就要裂成碎片一样。

那些疲惫不堪的水手已经感到绝望了："船长，我们要完了，再也回不到西班牙了！"

"船长，我们都要葬身海底了。"

"那就看上帝的意思吧！"哥伦布大声地说。

"尼纳号"上所有的船员，包括哥伦布在内，对于活着回去都不抱什么希望了。

船舱里的那两名王室监督官，一边在地上趺趺爬爬地乱滚，一边不停地在胸前画着十字，眼泪汪汪地望着挂在墙上的耶稣像。

哥伦布心想：我不顾贵族、官员等人的反对，坚定信念要前来探险，承蒙女王的信赖，力排众议，她甚至把自己的珠宝变卖以供航海之用，这种知遇之恩一定要报答。没想到，在回航途中竟然遭遇到这场可怕的风暴，以眼前的情况判断，可能是凶多吉少了！还有，留在岛上的40名部下，他们天天在盼望，盼望着我再一次出航，如果我们船覆人亡，他们也就永远回不了故乡了！

我的重大使命是向东方传播基督福音，我要使西方和东方连接起来。如果我们遇难的话，这个联系工作就此中断，以后也就后继无人了！

假使自己发现新陆地的消息能够传回国内，那么将来肯定会有一些有勇气和有志向的人会遵循自己的足迹，再一次踏上印第安人的部落。

如果哥伦布能够活着回去，那么一切问题自然不复存在，但是眼下的情况……哥伦布心中暗自着急，自己应该怎么做呢？

忽然间，一个念头在哥伦布的脑海中闪过，书籍！对了，就是书籍，纸张，信息传递，一连串的词语在电光火石间闪过哥伦布的心头。

哥伦布费尽气力，挣扎着回到船长室。他展开羊皮纸，准备写一封信呈给斐迪南国王和伊莎贝拉女王，报告此行的经过以及遇难的情形。

由于船身晃动得太厉害，墨水瓶滑来滑去，而且哥伦布的双手发抖，他只能用绳子把自己捆在那固定的椅子上，在自己腿上垫一块木板，铺上羊皮纸。

在极端困难的情况下，勉强写了一封字迹潦草的信函。在信函外面注明，任何人捡到这封信专程送到西班牙国王手里时，一定可以获得重赏。

写好信以后，哥伦布走下船舱，找了一块布把写好的羊皮纸裹起来，在外面淋上一层融化了的蜡。他又找来一个装酒用的小木桶，把

这个小蜡包塞进去，封好以后，外面再淋上一层沥青。

最后哥伦布又来到驾驶舱，他站在那里，望着乌云翻滚的天空，心中默默地祈祷："万能的上帝，在我回到大海的怀抱以后，我希望欧洲人能够得到我的信息，帮助我吧，仁慈的上帝。"

祈祷完毕，哥伦布便把那个小木桶高高地举过头顶，奋力地投入大海。小木桶在波浪汹涌的大海中一起一伏，逐渐向远方漂去。

从那以后，哥伦布就用这个办法，把自己的发现、航海日记或者信件塞在椰子壳里，裹上沥青，投入大海。

在哥伦布逝世350年后，1856年，曾有人在欧洲大陆的海滩上发现过这些神秘的椰子壳。

劫后余生的 "尼纳号"

"祸兮福之所倚，福兮祸之所伏"。福祸相依是一件谁也捉摸不透的事情。

哥伦布做完了他认为自己应该做的事情以后，回到驾驶室，安心地躺了下来。这时候，已过正午，红日逐渐西斜，船员们经过一天一夜的折腾早已筋疲力尽，脸色苍白，一个个东倒西歪地躺在那儿，被颠簸得滚来滚去，听候命运的安排。

将近黄昏，西方出现了晚霞，风势逐渐减弱，疯狂般的波涛也慢慢平息下来。

"哈哈，船长，我们没死，我们没死。"

"船长，我们活下来了，哈哈。"

"我们还活着，哦，上帝，感谢您的仁慈。"

死里逃生的船员们在哥伦布的领导下，大声地祈祷、赞美，感谢神的恩典，使他们免于葬身鱼腹。

大伙儿饱餐一顿后，除了掌舵及瞭望人员外，全都酣然入梦。说真的，这一次的大风暴实在把他们折腾得够呛，哪怕是哥伦布，也从未遇见过这样强大的大风暴。

"尼纳号"就在海面上孤零零地漂泊着，一天，两天，三天，这个时候谁也不想以后会怎么样，他们只知道劫后余生，现在是他们最幸福的时刻。

"陆地！陆地！"

突然间，瞭望人员惊喜地大喊了起来。船上的所有人员都惊喜万分，大家纷纷走出船舱。

这是亚速尔群岛中属于葡萄牙的圣玛利亚岛。虽然陆地就在眼前，偏偏赶上顶头风无法前进，好不容易挨到第二天的傍晚才靠岸。

再次登上欧洲的土地，尤其是经历过一次特大风暴之后还能活着站在这片土地上，大伙儿的心情都非常激动，这比他们发现新大陆还要激动。

有的人躺在沙滩上一动不动，有的人激动地亲吻着脚下的土地，有的人拉着当地的居民，喋喋不休地诉说着这一次的风暴……

从船上看去，港口附近有教堂的尖顶出现，哥伦布召集所有船员，说道："感谢上帝，我们有惊无险地回到了欧洲。现在，让我们诚心诚意地去感谢耶稣吧，一部分船员先去祷告，另一部分和我留下下来看守船只。"

第一批船员成群结队地到教堂去做礼拜祈祷，感谢这次遇险不死。当他们祈祷完毕，走出教堂大门时，看到一位葡萄牙军官率领几个士兵站在那儿等着他们。

他们心中纳闷，深感诧异，只见那个军官走了过来问他们："你们是从哪儿来的？"

"我们是属于西班牙的哥伦布探险船队，在回国途中遭受暴风的袭击，被吹离航线而漂到这里的。"

军官一听是哥伦布的探险船队，马上板起脸问："哥伦布是哪个？站出来说话。"

"船长不在这里，他还在船上，没有上岸。"

"大胆，竟然敢在我面前撒谎，快从实招来！"

"船长真的在船上，他说要留下来看守船只。"

那名军官一听大怒，他以为哥伦布一定就混在其中，于是下令挨个检查，但是发现真的没有哥伦布的时候，军官眯上眼睛，不知道在考虑什么。

良久之后，那名军官说："既然哥伦布不在这里，那你们就都被捕了，你，去叫哥伦布自己来出面交涉，其他人，统统带走。"

原来，葡萄牙国王获悉哥伦布偷偷地出境，跑到西班牙，受到西班牙女王的援助组成探险船队去寻找新航路后，他就动起了歪心思了。

葡萄牙国王心想，要是当哥伦布发现新陆地成功归来的时候，先把他抓起来，那样哥伦布寻到的财宝和新发现的陆地就都是属于葡萄牙的了。所以葡萄牙国王秘密下令各岛总督要密切留意岛上的动静，只要看到哥伦布，就立刻把他抓起来。

哥伦布原本是打算为葡萄牙效力去发现新航路的，可是葡萄牙政府对他的建议不予重视，因此才怀着失望的心情转往西班牙去求助。

如今葡萄牙国王竟想不劳而获，坐享其成，真是太卑鄙了！

当哥伦布在船上接到总督的通知后，怒不可遏，他回复使者说："请你回去告诉你们的总督，如果你们不立刻把我的部下释放的话，我就报告西班牙国王，派出军队来解救人质，如果因此引发两国战争，责任可就由你们总督承担。"

岛上的总督被哥伦布这么一吓唬，只好乖乖地把那几名船员释放。

1493年2月24日清晨，"尼纳号"迎着朝阳，继续向东行驶，一路上虽然不时出现山的影子，但是，哥伦布下令不得靠岸，因为他知道那都是葡萄牙的属地，不能再冒险逗留。

就这样，破烂不堪的"尼纳号"在海面上又顺风顺水地航行了好几天。

不料，到了3月2日的傍晚，海上又刮起大风来了，已经破损不堪的小小"尼纳号"哪里还能够经得起再一次的暴风袭击。船上的大小帆篷早已支离破碎，随时都有倾覆的危险。

这时候已近午夜，电光闪闪，格外恐怖，天空又降下一阵骤雨，处境更加危险。哥伦布指挥全船人员奋力拼搏，终于度过了漫漫长夜。

天亮以后，骤雨虽然停止，但是风势依然相当强劲，船员们实在疲惫不堪，无法再继续支撑下去了。这个时候唯一的求生之路就是登陆，"尼纳号"再也经受不起第二次的风暴了。

"尼纳号"飘荡到了离葡萄牙属地拉施特落不远的一个海岸。哥伦布明明知道前面就是葡萄牙的塔加斯港，但是到了这种地步，为了求生，也只好冒险一试了。

3月4日，饱经苦难的"尼纳号"终于缓缓地驶进了葡萄牙属地的塔加斯港。

幸好，这里的总督似乎没有收到葡萄牙国王捉拿哥伦布的命令，人们对这一群脱险的人们寄予无限的同情和关怀，还有人跑到沙滩上给这群勇士祈福，祝愿大家平安无事。

劫后余生的"尼纳号"已经残破不堪，船上的帆篷在两次风暴后被海风撕得粉碎，帆篷的绳索也被强风给拉断，船身受到了强有力的冲击，这样一条破破烂烂的船竟然能够从遥远的大西洋摇摇摆摆地驶进港口，真是一件令人吃惊的事情。

"感谢上帝，感谢主。"

船员们发出了一阵阵的欢呼声，这一次的旅途对他们来说实在是惊心动魄，纵然是老资格的水手也不见得能够经历这样惊险的航程。

船员们纷纷跑到附近的教堂去做祷告，人们纷纷送上各种急需的物品，庆祝他们脱离危险。

"嗨，伙计，你可真是一个优秀的船长，像这样大的暴风雨，我在这儿还没有碰到过呢，你能够率领孩子们平安无事地归来，可真是了不起。"一个船长拍着哥伦布的肩膀，称赞说。

"谢谢，这一路的艰险也是我有生以来第一次遇到的，太刺激了，感谢上帝。"哥伦布也笑着回答。

趁着在港口休整的机会，哥伦布一方面把破碎的帆篷和船身略加修补；另一方面写了一封信函，派人火速地送交斐迪南国王和伊莎贝拉女王，让他们早日得知发现新大陆的消息。

葡萄牙国王的召见

"尼纳号"停泊在葡萄牙港口的消息还是像风一样传遍了葡萄牙上下，关于"尼纳号"这艘破碎的小船竟然能够在狂风怒号中带领着一帮勇士从新大陆归来，人们不禁感到万分的惊奇。

如果说"尼纳号"是一艘制作精良、设备齐全的舰艇的话，也许人们还不会太过于惊讶。但是葡萄牙前几天恶劣的天气就连一些本地的航海家都险些葬身鱼腹，而哥伦布的这艘破船竟然能够平安归来，这太令人惊讶了。

而当本地居民得知哥伦布他们是从遥远的新大陆返航回来时，里斯本沸腾了，"尼纳号"这样一艘破船成了"航海英雄"，立刻成为本地市民议论的焦点。

一批批的游客从四面八方赶到塔加斯港，他们纷纷走上"尼纳号"，听这些航海英雄们讲述传奇的航海故事。当葡萄牙人首次看到鹦鹉和印第安人时，他们惊呆了，这种从未见到过的种族让他们感受到了造物主的神奇。

葡萄牙国王约翰二世早就从总督那里知道了哥伦布返航的事情，听说哥伦布在塔加斯港，这位国王就派他的执行官去召见哥伦布。

"上将先生，我们国王陛下请你到里斯本叙旧，王后殿下也很想见见这些新大陆的人民，我们国王承诺，您的功勋战船'尼纳号'在塔加斯港口的所有物资补给，都由王室免费提供，而且您可以随便在这里检修。"执行官说道。

哥伦布心想，如果现在不去的话，万一葡萄牙国王恼羞成怒，丢了面子，到时候把他们杀掉，那可就不妙了，而且现在"尼纳号"还没有维修好，季节不太适合航行，还是去见一见好了。

哥伦布于是说道："好的，我很乐意。"

哥伦布到达里斯本，整个里斯本轰动了，从他们进入里斯本开始，无数的群众纷纷站在街道两边围观那些神奇的鹦鹉和印第安人。街道两边站满了人，房子上，窗户上，甚至还有一些广场的屋顶上，到处都站满了人，人们纷纷围观，欣赏这一盛况。

葡萄牙国王约翰二世以最高级的礼仪接待了哥伦布，看着这位昔日葡萄牙国王的落魄求见者，现在却是西班牙王国海上大将军的哥伦布，葡萄牙国王心中的懊恼可想而知。

"哥伦布先生，祝贺你，你的发现将是整个大陆的福音。"葡萄牙国王一脸真诚地说道，看不出他是真的祝福还是虚情假意。

"感谢陛下的祝福，那是一片伟大的大陆，那里有数不清的黄金和各种神奇的物产，我们经过一轮又一轮的探险，终于发现了各种各样的黄金山，啊！那一整座山，都是金子堆成的，实在是太美妙了。"

哥伦布滔滔不绝地说着新陆地的广袤和富饶，甚至于为了打击当年葡萄牙国王不采取他的建议，他还随意编造了几个惊险的寻宝故事，而且夸大了所发现的黄金和珠宝的数量。

葡萄牙国王强忍着内心的激动和羞怒，如果不是怕得罪西班牙国王的话，他一定会像几年前一刀子捅死他弟弟一样杀死哥伦布。

但是葡萄牙国王不仅仅是一只凶猛的狮子，他还是一只狡猾的狐狸，他眯起眼睛，露出令人难以捉摸的微笑，说道："哥伦布先生，感谢你发现了新大陆，按照我国与西班牙王国的协议，你所发现的领地和财富都将属于葡萄牙。"

哥伦布没有想到葡萄牙国王竟然无耻到这种地步，他和缓地说道："国王陛下，我并没有看到过那份协议，遵从我国国王的指示，我并未到达米娜堡，或者几内亚的任何一个地方。"

葡萄牙国王被哥伦布的一句话气得不知道说什么好，因为哥伦布

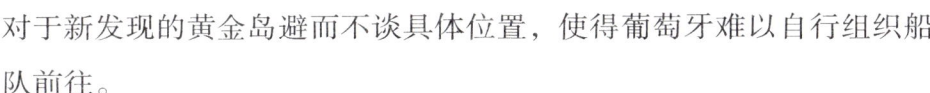

对于新发现的黄金岛避而不谈具体位置，使得葡萄牙难以自行组织船队前往。

狡猾的葡萄牙国王又单独召见了那些印第安人，企图从土著人嘴中探听出黄金岛的具体位置，因为言语不通，加之这些土著人都很聪明，葡萄牙国王大失所望，但还是每人赏赐一件长衫，以示恩惠。

不过从这些印第安人夸张的动作和"嗷嗷"大叫中，葡萄牙国王知道这些岛屿都很大，而且很富有。

当天晚上葡萄牙国王懊恼地砸碎了自己心爱的花瓶，高声大叫道："目光短浅啊，就这样让一个将吃到嘴里的鸭子给飞走了。"

葡萄牙王后也很想见见这些新岛国的居民，于是哥伦布又去觐见了葡萄牙王后。王后伸出她的纤纤细指，让哥伦布和这些印第安人接受她的礼仪。哥伦布以骑士礼仪屈膝吻了王后的手。

哥伦布让印第安人向王后下跪致礼，但是这些印第安人并不知道什么是跪，于是他们就围在王后身边坐了一圈。

哥伦布又招呼他们去吻王后的手指，但是这些印第安人也不知道什么是吻，他们就轻轻地轮流咬了一下王后的手指头，把王后乐得"咯咯"大笑，那些严肃的贵族们也忍不住哈哈大笑起来。

当时宫中还有一名清秀的少年，他是王后的侍从，哥伦布的远航和发现给这位少年留下了深刻的印象，他暗暗下定了决心，以后也要做一个伟大的航海家。

少年的名字叫作麦哲伦，他成了未来世界著名的环球航海家，为"地圆说"提供了最直接的证据。

英雄的凯旋

1493年3月15日，哥伦布率领着"尼纳号"重新回到了巴洛斯港，去年他出发的时候，带着3艘船，而现在7个月过去了，却只有"尼纳号"独自归来，哥伦布的心中有一种说不出的忧伤。

当"尼纳号"开进萨尔基斯河，向右转向布满松林的鹏塔尔山角时，耸立在高山耀眼处的修道院立刻展现在哥伦布的面前。

哥伦布的心中感慨万千，8年前，他穷困潦倒，带着儿子到修道院门口乞讨一块面包和一杯水的时候，历史的机缘就在这里完成，慧眼识英雄的修道院院长为他铺就了一条通往宫廷的康庄大道。

巴洛斯的市民们听到他回来的消息，个个欣喜若狂。

"哥伦布回来了。"

"哥伦布胜利归来了！"

"听说他到达了好几处盛产黄金的岛屿呢！"

"听说他还带回来新大陆的居民呢！"

"尼纳号"沿着河流返回巴洛斯港，市民们竞相奔走相告，教堂里钟声齐鸣，全市喜气洋洋，大家立即拥向码头去欢迎这位探险的英雄的归来。

港口周围，早已经站满了等待的人群，有王室的常驻代表、修道院的院长和修士、市长、本市重要官员、贵族、骑士、海员、商人、工匠等，大家争相庆贺远航英雄哥伦布的归来。

哥伦布举起高高的帽子向他们致意，不禁热泪盈眶，感慨万千。

8个月前，他率船出航时，人们一致认定他会把这3艘船带进魔海，肯定是有去无回，他们站在码头上泪眼相送。

曾几何时，哥伦布历尽了艰险重回这里，却受到他们如此热烈的欢迎！想当初哥伦布带着迪亚戈流浪到巴洛斯时，一贫如洗，形同乞丐，受尽奚落和讥嘲，市民们看到他，就转过头去吐口水……现在，欢迎的场面竟是如此的感人！

现在，最让哥伦布遗憾的，是那可怜又可恨的"宾达号"船长马丁。

马丁的船只在风暴中被吹到了法国沿岸的皮斯凯湾。马丁心想"尼纳号"破破烂烂，肯定禁不住如此强烈的风暴，必定已经葬身海底。马丁于是给西班牙国王写了一封信，信中简要地提到了新大陆的发现，并且说详细情况要等他回去亲自面见国王陛下。

马丁企图将这份功劳占为己有。他得意扬扬地向部下夸耀说："我已经把发现印度的经过，详详细细地写信向国王和女王报告了。即使'尼纳号'没有沉没，哥伦布还活着的话，这份荣誉和功劳我们已抢先一步，你们等着接受巴洛斯市的盛大欢迎和国王的奖赏吧！"

但是马丁没有想到事情和他预想的完全不一样。英明的西班牙国王直接拒绝了马丁的见面，并且批示说："我们只能听取本次远航总指挥官哥伦布本人的报告，至于你，只能作为哥伦布的部下一同前来。"

马丁又在海面上逗留了 3 天，等到天气晴朗的时候，他将船开进了巴洛斯港。可是一看到港内的情景，他立即变脸色了，原来他确定已经沉没的"尼纳号"，竟然已经停留在那里了。

马丁心中悔恨交加，羞惭得无地自容，他实在无颜再和哥伦布相见。但又有点害怕，万一自己被哥伦布看到的话，会不会被抓起来？

马丁悄悄地登岸，躲在家里不敢外出。国王和女王已经获知马丁两度叛离的事情，不过念在当初他在首航时的功劳，发一道政令斥责一下，也就了事了。

马丁看到国王的斥责命令，心中懊悔不已，失望和后悔之余，变得更加郁郁寡欢，不久就病逝家中了。

恶人得到了恶报，英雄凯旋的日子终于到来了。国王和女王陛下召见哥伦布，令他返回巴塞罗那。

4月的阳光普照大地，春光明媚，春暖花开。

首都巴塞罗那的市民们一清早就拥在通往王宫的道路两旁，等待哥伦布一行人的来临，个个都想一睹哥伦布的风采，大家都兴高采烈地议论不休。远处传来一阵骚动，胜利返航的队伍出现了。

这一行列以六位头戴羽饰、上身赤裸、画满怪异花纹的土著人为前导，水手们扛着鹦鹉鸟笼以及各色奇怪的土特产跟在后面。

哥伦布昂然骑在马上，行走在队伍的最后面，他微笑着向路旁的民众打招呼，一群人浩浩荡荡地走进王宫。欢迎的人群中响起如雷的掌声和欢呼，场面之热烈，可说是空前绝后。

行列将接近王宫时，那些贵族、大臣们早已站在宫门前等候多时，哥伦布立即下马，率领着整齐的行列神情肃穆地步入王宫。

斐迪南国王和伊莎贝拉女王端坐在宝座上，面露微笑地接见哥伦布。文武大臣和众多贵族全都肃立两旁，偌大的宫殿内鸦雀无声。

哥伦布缓步向前，庄严肃静地向国王及女王陛下行最高敬礼。国王和女王给了他最高的待遇，让他坐在他们和王子胡安中间。

哥伦布坐在旁边的一把椅子上，介绍着这次远航的经历、见闻。

能够坐着和女王说话，这在当时是最高的礼遇，简直使一些大臣们感到羡慕和妒忌，所以他们的脸上就不自主地流露出不满和轻蔑的神色，这也为哥伦布后来的厄运埋下了伏笔。

哥伦布恭恭敬敬地报告说："托国王和女王陛下的福，总算未辱使命，发现了印度，并且把沿途的若干岛屿归入西班牙的版图。"

"这一次的发现仅仅只是一个开始，如果陛下准许臣进行第二次探险，必将获得更加广袤的土地和更为丰富的黄金，为陛下增加更多的财富和版图，同时传播基督的思想，让土著人沐浴在基督的阳光下。"

国王这一次十分爽快地说道："完全没有问题。"

坚持航海梦

在人生的海洋上，最痛快的事是独断独行，但最悲惨的却是回头无岸。

—— 哥伦布

竖起鸡蛋的人

哥伦布在王宫受到了国王和女王最高等级的接待，两位陛下十分高兴，他们检阅了哥伦布的探险成果，都感到十分满意。

小王子胡安殿下一边逗弄着鹦鹉，一边拉着印第安人的手，调皮地说道："交个朋友吧！"

没有想到那只鹦鹉也紧跟着说："交个朋友吧！"引得大家一阵惊奇，继而又哄堂大笑。

为了感谢上帝让西班牙人获得了新领地，大家又一起高唱了圣歌，还为印第安人举行了受洗仪式。几名印第安人什么也不懂，稀里糊涂地就接受了天主教的洗礼。

为了表示王室对于哥伦布的恩宠，斐迪南国王和伊莎贝拉女王要求王子和所有的大臣一起，陪送哥伦布到他下榻的宾馆，这又让大臣们觉得王室对于哥伦布恩宠有加。

要知道五个月前，斐迪南国王遭到刺客刺杀，刺客举起弯刀砍中了国王，伤口从耳朵一直延伸到脖子，一直砍到肩膀上，国王陛下流血过多险些死去。几个月来国王和女王都在痛苦中度过，当国王伤势痊愈时，马上就传来了哥伦布发现新陆地的喜讯，两位陛下自然是喜上眉梢。

这个时候，国王让哥伦布骑马与他并肩而行，国王的另一边是女王和小王子，这样一直走到哥伦布的下榻处，王室直接将哥伦布推向了荣誉的巅峰。

一个平民如今一跃而成为举国闻名的英雄，而且在王宫里享受到了如此殊荣，有些高官和贵族马上就妒忌了。

"哥伦布算是什么东西！不久以前，狼狈得像个乞丐，如今却耀

武扬威起来了!"

"哥伦布不过是一个乞丐而已,发现印度那也是运气,说起来他也就是一个投机分子罢了,没有什么真本领!"

"这种投机分子,只不过是侥幸成功而已!"

"再说,他是一个外国人,而且身份低微,哪里配受到王室如此的宠幸?真叫人不服气。"

很多西班牙宫廷内外的大臣、贵族们,在背地里对哥伦布百般地讥嘲,总想找个机会出这口气。

哥伦布从这些人的眼神中以及他们的言谈里,多多少少体味出这种情绪,所以在行为上总是小心翼翼,避免和他们发生争吵,并且尽量和他们保持一定距离。哥伦布是一个伟大的航海家和事业家,对他来说,事业才刚刚开始,他心里明白,如果树敌太多,对未来的探险事业必定增加阻挠。

有一天,贵族们举办宴会,特地邀请哥伦布前往参加。哥伦布知道宴无好宴,本想借故回绝,没有想到对方一再相邀,不好拒绝,只好答应并准时赴会。

这次的宴会,可以说是盛况空前,冠盖云集,绅士淑女们济济一堂。

吃饭的时候,大家的话题不免就谈到了时下最热门的新航路的开辟上,有一位贵族站起来向大家高声地说:"各位!现在大家都在谈论着新航路的话题,有人说新航路长,有人说新航路短,但是都认为这件事是一件伟大的事业。"

"可是,我的看法却大相径庭,对此件事情我很不以为然,在我看来,这是一件谁都可以办到的事情。只要有性能良好的船只和足够的经费,这又有什么困难的呢?"

听众里边有人不怀好意地放声大笑,有人嗤之以鼻,以不屑的眼神盯着哥伦布,有的人则以幸灾乐祸的心情等待哥伦布的反应,准备看一场好戏。

哥伦布·坚持航海梦

哥伦布不紧不慢地站起身来，全场的焦点都集中在他一个人身上，大家都等待看他的笑话。

哥伦布缓步走到餐桌前，拿起一枚煮熟的鸡蛋，从容不迫地说道："谁能把这枚鸡蛋的尖端朝下，让它竖立起来？"

"我来，我来。"

马上有一位绅士走向前去应战，可是左试右试，怎么也不行。另外一些好奇的淑女们也拥上去半开玩笑地试着把它竖起来。但是鸡蛋滚来滚去，就是不能竖在那里。

这时候，之前发难的那名贵族实在忍耐不住了，他高声质问道："你提出这个问题是什么意思？你也看到了，这根本就是不可能办到的事情！"

哥伦布反问说："你认为办不到，是不是？"

那名贵族恼羞成怒，说道："有本事你将它竖起来。"

哥伦布依旧不恼怒，他豪气冲天地说道："好，我就把它竖起来给你看看。"

全场爆出一阵哄笑，哥伦布的话到底是真是假，大家都急切地等待下文。

哥伦布拿起那枚鸡蛋，"喀"的一声把蛋的尖端打碎，放在桌上，蛋就一动不动地竖在那儿了。

又是一阵哄笑，有的笑出了眼泪，有的捧着肚子直不起腰来。

"原来如此！这么简单的事情，谁都会做嘛。"那名贵族嗤笑道。

"你说得不错，这是轻而易举的事，谁都会做。关键在于，我没做以前，你们不知道怎么做。等我做完之后，你们才知道这样做的，仅此而已。"

大家听了哥伦布的话，就连之前那名耻笑哥伦布的贵族也露出了羞愧的神色。

这就是一直流传至今还为人们所津津乐道的"哥伦布竖起鸡蛋"的故事。

第二次向西远航

经过一段时间的准备，第二次航海终于开始了。和第一次航行的规模比起来，这一次远航可以称得上是壮观。

第一次远航的时候船队只有 3 艘，还有一艘是破旧的老船，但是第二次远航，动员的船只一共有 17 艘，其中大型帆船 3 艘，小型帆船 14 艘。

第一次远航的时候，招募水手困难重重，后来在鲁滨孙兄弟俩的帮忙下好不容易才招募到了 120 位。而第二次远航，哥伦布原本将人数限制为 1000 人，但是没有想到志愿者竟然大大超过了这个数目，将它翻了一倍。

所有的人都在做着黄金梦，有了第一次探险的成功，他们争先恐后地参加探险队，仿佛黄金就在眼前，满地都是，可以随便捡一般。这样，他们有的宁愿不拿薪俸也要参加，有的通过关系，偷偷溜上船舱，充当海员。

最终，哥伦布千挑万选，选中了 1500 人，这批人中有战争结束后闲下来的贵族、为殖民地建设而工作的农民、开矿的技术人员、木匠等。

能够被哥伦布选中的人自然是十分高兴，他们仿佛已经看见了遍地都是黄金的岛屿一般。家人为他们送行的时候也都是喜气洋洋，他们高兴地挥舞着双手，等待着他们满载黄金归来。

而没能被哥伦布选上的人则垂头丧气，满脸怨恨，妒忌那些能够参加远航的人们，心中不怀好意地诅咒着，最好遇上暴风雨，让整艘船都沉没。

那些对哥伦布本来就不怀好意的贵族们，有些因为没能参加哥伦布的探险，心中不免对他更加憎恨，这也给哥伦布的探险队埋下了祸根。

哥伦布打算在这次航海中把现居法国的巴索洛缪和热那亚的迪亚戈两人一起带去。有这两位弟弟同行，他觉得比较可靠，因为自己的亲兄弟是不会像马丁那样背叛他的。

"大哥！真是做梦也没有想到我能够跟你一起出航。"

从热那亚急急赶来的迪亚戈和哥伦布互相拥抱在一起，向他吐露出内心的欣喜。

"巴索洛缪怎么到现在还不来？距离起航的时间已经不远了，难道是没有收到我的信？"

这个时候巴索洛缪正从法国快马加鞭地赶往加第斯港，但是因为中途有些事情给耽搁了，所以迟迟未能如期赶到。

"巴索洛缪没有赶上，实在太可惜了！"

哥伦布也只好死心了。他缓缓地开口说道："起航，拔锚。"

1493 年 9 月 25 日，哥伦布在旗舰"加兰特号"上升起了上将旗，船队扬起了西班牙国旗，浩浩荡荡地离开了加第斯港口，向西进发。

哥伦布这次为新大陆带去的礼物有牛、马、猪、驴，这些就是现在美洲牲畜的祖先，因为美洲原来几乎没有人工喂养的牲畜。还有甘蔗、葡萄藤以及欧洲很多农作物的种子。牲畜和农作物在新大陆很快得到繁殖和发展，这对印第安人来说都是福音。

大家站在港口上，目送着那 17 艘远航船只，静静地驶向大西洋深处，无数的大小风帆，闪烁在云霞的光辉下，显得更加的绚丽。

"嗨，伙计，真是漂亮极了。"

"是呀，这是美好的开始，也是美好的征兆，旅途愉快。"

"哦！黄金！我的黄金在新大陆等着我呢！"

"就你那身子板，那么多黄金你搬得动吗？"

船队上，大家开着无伤大雅的玩笑，说的都是一些吉利话，每个人都在做着发财的黄金梦，不管是身体强壮的还是身体消瘦的，在他们眼中，新大陆，那就是一个遍地黄金的地方，要多少有多少。

当巴索洛缪赶到加第斯时，哥伦布的船队却在前一天已经出航了。

"我来迟了一步！"

巴索洛缪若有所失地望海兴叹。不过他不肯就此作罢，决心要设法挽回这珍贵的机会。

"我无论如何也要追上船队才行。对了，想办法搭乘一艘西航的船只从后面追赶吧！"巴索洛缪这样想着。

哥伦布的巨大舰队一路顺风，20 天内就横渡了大西洋。这一条水路，就成为以后航海家横渡大西洋的航线了。

1 月 3 日，哥伦布的船队抵达西印度群岛，随后又发现了多米尼加岛。这就是说，他们这次航程比第一次稍微偏向了南方。

哥伦布在这次航行中还发现了维尔京群岛、波多黎各岛、"女王花园"等。

哥伦布的船队在加勒比海这些风景秀丽的珊瑚岛中穿行、前进。

印第安人划着独木舟跟在他们后面和他们交换物品，供给他们食物，印第安人还是那么友好。

建造伊莎贝拉镇

哥伦布的船队在大西洋上一路顺风顺水，比起第一次远航的艰难阻隔，这一次真可谓是上帝庇佑，不管是哥伦布还是船员们，都觉得这一次肯定能有伟大的发现。

"驻留在纳布伊达特营寨里的 40 名伙伴们大概已经等得很焦急了。"

哥伦布指挥着船只全速驶往海地岛。船队到达海地岛的时候，已经是深夜了，他们在海面上抛了锚。然而，奇怪的是他们到达海地时，却发现纳布伊达特营寨一片静寂。

星光下，哥伦布坐在驾驶舱里，面对着像伏在大海上的怪兽一样的海地岛沉思起来，

"宾达号"的叛变，"玛利亚号"的搁浅，欧洲人第一个村落纳布伊达特的建立，还有 40 名船员……

"鸣炮！"哥伦布大声地说。

"上将大人，什么？"旗舰值班官员没有懂得哥伦布的意思。

"向海面上开两炮，如果纳布伊达特的人还活着的话，他们一定会听到的。"哥伦布说。

旗舰"加兰特号"的大炮响了。隆隆的炮声像沉雷一样滚过开阔的海面，海地岛上的鸟群被惊醒了，一群一群地飞起来在天空盘旋。哥伦布一直站在那里等待着。

"上将大人，我们派几名水手划小艇过去看看吧！"值班官员说。

"不行，那边的暗礁太多。"哥伦布回答说，仍然站在那里一动也不动。

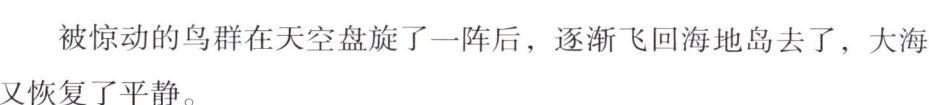

被惊动的鸟群在天空盘旋了一阵后，逐渐飞回海地岛去了，大海又恢复了平静。

第二天黎明，哥伦布派出一名侦察员上岛去勘察情况，很快他们就回来报告说："上将大人，大事不妙，营寨被人彻底捣毁，守备的人无一幸存，想必是遭到土著人的袭击了！"

这真是一个惊人的消息。

哥伦布带了几十名水手，分乘 3 艘小艇来到了海地岛。他们上岸后，就一直向纳布伊达特奔去。

没有走多远，就发现了两具尸体，虽然已经开始腐烂，但是从他们的衣着上，还是完全可以看出是西班牙人。

当哥伦布他们到达纳布伊达特时，立刻惊呆了。这个欧洲人在新陆地建立的第一个村落已经完全是一片灰烬。他们在缓慢地前进，又发现 10 多具尸体，有的胸口上还插着印第安人的长矛。

一切都很明白，这个村子被印第安人摧毁了。

哥伦布看到这里的惨状，愣在那里半天说不出话来，他满腹疑惑，不知道到底发生了什么事。

"来人，朝天空鸣枪，如果还有幸存者的话，我想他们应该知道我们回来了。"哥伦布下令道。

但是奇迹并没有出现，哥伦布又下令对已经烧毁的遗迹进行挖掘，希望能够找到点线索。哥伦布在纳布伊达特附近搜寻，希望能找到几个侥幸活下来的人。但是，直至傍晚，都一无所获。

这时候，远远地看到几个土著人在树林里探头探脑地张望。他们看到哥伦布回来了，壮着胆子缓缓地走了过来。

哥伦布经过翻译才了解了事情发生的原委。

原来，营地里留驻的西班牙人在哥伦布乘"尼纳号"离去之后，一开始还和他们相处得很好，和印第安人交换物品。

但是后来，这群西班牙人就开始对岛上的土著人做出蛮横的暴行，他们胁迫土著人带路去找寻黄金，如果有不听话的人，就用利剑把他杀了。

他们不但抢走了土著人的黄金，而且为了分赃问题而发生内讧。后来，大家索性各自为政，平时正经事不做却整天在打黄金的歪主意，对那些生性温和的村民强征豪夺，干下了数不尽的滔天坏事。

西班牙人开始公开抢夺，以至于杀害印第安人，并以此取乐。这样就触怒了印第安人。酋长带领他所属部落的 1000 多名印第安人与西班牙人进行决斗。经过一天的激烈战斗，西班牙人终于寡不敌众，全部被印第安人杀死，纳布伊达特也被夷为平地。

哥伦布听到这些叙述以后，心情很不平静。他感叹地说："他们利令智昏，咎由自取，怨不得谁。此地的土著人本来对我还相当尊敬，今后，彼此却不好相处了！"

哥伦布权衡轻重，决定放弃纳布伊达特的营地，一方面这个地方土地潮湿，不是一个适合长久居住的地方；另一方面，有些船员过于迷信，认为这个地方遭受了诅咒，所以打死也不肯在这个地方居住。

哥伦布又重新勘测了附近的土地，终于选择在此地往东约 30 海里的一个海湾附近，建立新的殖民地。哥伦布指挥众人，在这块新土地上努力工作，工程顺利地进行。大家努力把这里打造成为自己的"第二故乡"。

巍峨的总督府、普通的民房、住宅以及教堂、仓库等都陆续建造起来。经过几个月的辛劳，一切已经初具规模，一座港口旁的小型都市完成了。

西印度群岛出现了第一个欧洲式的城市，哥伦布为了纪念女王，就把它取名为"伊莎贝拉镇"。

镇压密谋反叛

哥伦布这一次带来了大批的物资和人员，为了有一个较为固定的集散地，就在海地岛的北部建立了一个新的小镇。

伊莎贝拉镇建立起来了，但是哥伦布的心情却日见沉重，因为最近船员中病倒的人越来越多了。黄热病在海地岛上悄悄地蔓延开来，这是一种欧洲不曾有过的危险的疾病，死亡率相当高，欧洲去的医生对它也毫无办法。

这次航海的随员中有不少人出身于贵族，他们平日养尊处优，不事劳务，根本没有受过什么苦。这次随船出海，光是枯燥的海上生活就已经够他们受的了，如今还要他们冒着炎暑流汗工作，食物和药品也都很短缺，再加上黄热病流行，一个个体力不支，相继病倒。

这批人之所以甘愿出来冒险，主要的目的是想淘金。但是现在，他们想象中的黄金并没有出现，但是却要他们先做苦力。他们每天的任务不是出去寻找黄金，而是开辟森林，砍伐树木，建造房屋，开垦田地，当然是一肚子的怨气，纷纷埋怨起来。

他们对哥伦布的命令开始敷衍起来，对哥伦布产生了反感，认为上了哥伦布的当了。

"什么黄金啦、珍珠啦，连一样也没有找到，这明明是哥伦布欺骗了我们！与其在这里耗下去，不如干脆夺船驶回西班牙。"

"这种做法，是脱逃罪呀！"

"怕什么？我们只要一口咬定哥伦布向国王提出的报告完全虚伪不实，对西班牙不会带来什么利益，我想国王也会听我们的。"

哥伦布获悉他们的阴谋后，立刻行使总督的职权把主事者拘押起来，将次要的人训斥一番。这还是他第一次行使总督的职权，也是第一次处罚叛徒和不法分子。

但是即便是这样，也不能从根本上解决问题，如果不能想办法找到黄金，谣言始终在流传，人心在逐渐涣散，这样下去可不得了，到时候恐怕想镇压都镇压不住了。

而且现在黄热病越来越严重，被传染的病患也越来越多，这些船员大都是养尊处优的人，留在这里除了捣乱也帮不上什么忙，因此哥伦布打算将其中一部分人遣送回国。

但是这样一来就存在一个问题，如果不能找到一些黄金并且随船队运载回去的话，那么本国的人们一定会认为发现黄金岛的消息是假的，会认为哥伦布是个大骗子。

哥伦布决定派一支探险队深入到岛的内地上去，让他们寻找黄金。

1494 年 1 月上旬，由英勇的船长阿隆索带队，率领 400 名士兵从伊莎贝拉镇出发，越过高山峻岭和茂密的森林，到希巴奥一带去探测金矿。

阿隆索是一位年轻的勇士，对哥伦布也忠心耿耿，他知道哥伦布心中的忧虑，因此他下定决心一定要找到黄金。阿隆索很幸运，当他们来到希巴奥的时候，他们看到溪流里的沙金闪闪发光，极为诱人，队员们个个兴奋不已。

队员们把散落在地上和河流中的沙金都捡起来，其中有很大块的黄金，阿隆索捡到了两块很大的黄金金块，他们高高兴兴地回到了伊莎贝拉镇。

哥伦布接获报告后，心想呈献给国王的最佳献礼已经到手了。他马上派人把这些沙金整理好，派安东尼奥率领着探险队中的 12 艘船返回西班牙。船队驶回本国之后，剩下的船员在哥伦布的率领下在希巴奥建立"圣·汤姆斯"营寨，由贵族出身的马加利特负责统率、指挥，不断地进山去搜集黄金。

人们的欲望是永无止境的，当初发现溪流里净是闪闪发光的沙金，确实使这批怀着淘金梦的人们欣喜若狂。渐渐地这种颗粒状的沙金已引不起他们的兴趣了。

由于欲壑难填，这批人又逐渐地对现实不满了。哥伦布看在眼里，心中也暗自焦急。他最大的愿望是传播基督教，让所有的印第安人都皈依到基督的光芒下。然而这些队员们并不能理解哥伦布的思想和心情，他们来这个地方的目的就是寻找黄金，发财，除此之外的一切事情与他们都没有太大关系。

第二次的阴谋反叛开始了，几个阴谋分子暗中策划准备夺船逃回国内。不料事机不密，被哥伦布及时得知，阴谋未能得逞。

这次哥伦布十分果断地将一些不法分子就地处决，这样一来船员们总算是安静了一段时间，但是高压统治并不能从根本上解决问题。为了要使他们安心，根除不满的情绪，唯有设法早日发现大量的黄金产地，否则，不幸的事端仍难避免。

三兄弟喜重逢

1494 年 3 月中旬，哥伦布率领一批精壮的部下到希巴奥附近的山区去勘测，看看到底有没有整块的黄金。他们一路披荆斩棘，翻山越岭，经过不少的陡峻山峰和深谷，除了溪流里充满了耀眼光芒的沙金外，并没有发现成条的金块。

当哥伦布他们经过一座印第安人的村落时，印第安人纷纷拿出沙金来和他们交换物资。

其中一位年老的土著人告诉他们说："在对面不远的海岛上，盛产大量的黄金，不是颗粒状的沙金，而是很大的金块。"

哥伦布一听，极为兴奋，他认为传说中的黄金岛日本就在眼前了。

哥伦布率领队伍回到了伊莎贝拉镇，经过一番修整之后，他决定率船队出发了。

临行前，哥伦布向弟弟迪亚戈交代说："我准备去探寻日本，现在马上要出航了。我不在伊莎贝拉镇的时候，一切职务由你代理。这些贵族们骄横跋扈，你要小心应付，凡事忍让，尽可能不要跟他们发生冲突，如果真的有人不识好歹，该镇压的时候也要镇压。"

迪亚戈点点头说道："哥哥，我知道，你早去早回。"

1494 年 4 月 24 日，哥伦布率领 3 艘船从伊莎贝拉镇出发，继续向西航行，想进行新的发现。

可这一次航行十分不利，不仅是逆风，而且暴雨不停，炎热的气候使船上食物开始腐烂。正当这 3 艘帆船在古巴南岸迷宫似的群岛中危险地航行的时候，水手们一个一个病倒了。哥伦布迎着暴风雨，整夜不能合眼，25 天以后才从这无数小岛中穿出来，再往南到达了牙买加岛。

在长期的操劳和精神紧张的情况下，即使是铁打的汉子也难以支撑。哥伦布站在甲板上，远远看着牙买加岛，一阵感慨，突然晕倒了下去。哥伦布病倒了，他只能躺在吊床上指挥航行和整理航海资料，用他那发抖的双手绘制这一带的地图。

哥伦布考察了 40 天以后，才又回到海地岛的总部伊莎贝拉镇，当几个精疲力竭的水手把他从船上用担架抬下来的时候，哥伦布已经是骨瘦如柴、奄奄一息了。

哥伦布到了伊莎贝拉镇后就一直昏迷不醒，发着高烧，说着胡话，连医生看了都摇摇头说："没有希望，哥伦布要见上帝去了。"

哥伦布在伊莎贝拉镇已经像风前残烛，心脏随时可能停止跳动。他已经有五天五夜什么也没有吃，什么也没有喝。

到了第六天，哥伦布才清醒了一点，勉强喝了一点水。他把弟弟迪亚戈叫到床前，进行临终前的嘱咐。

哥伦布指着床头的小匣子，断断续续地说："这是……我全部的航海资料……日记，你把它拿去，带回欧洲……我的遗体，用海葬的方式处理……"

哥伦布喘着气，停了好长一阵，才又继续说道："只是这个地球仪……"

说着抬起他那干枯的手，指了指那木制的地球仪，接着说："这是我青年时代自己制作的……一直在我身边，跟随我从地中海到大西洋，从意大利到西非洲，已经几十年了，它是我最心爱的东西，就作为我转送给你的一件礼物吧……希望你能把这次航行继续坚持下去，一定要寻找一条通往印度和中国的新航路。"

迪亚戈十分悲伤地听完他大哥的嘱咐，并准备安排他的后事。

但是，哥伦布却奇迹般地战胜了死神。他开始进食了，并且一天天好起来。

可是黄热病仍在伊莎贝拉镇流行，兄弟两人商量的结果，便将伊莎贝拉镇从海地岛的北部迁到风景更加优美而阳光灿烂的南部，改名为"圣多明各"。

这一场大病几乎使哥伦布送了命，5 个月后他才基本上恢复健康。

一天，当哥伦布清醒过来以后，睁开眼睛环顾四周时，差一点惊叫起来。

二弟巴索洛缪竟然出现在眼前！该不是在梦中吧！还是自己病得眼花了？

哥伦布惊异不定地喊了出来："哦！上帝，难道我还在做梦吗？"

"感谢神的恩典，你总算醒过来了。大哥，你已经昏睡了两天，我们都很着急呢！"

这明明是二弟的声音，绝非梦幻。哥伦布心头一阵喜悦，精神也就振奋了起来，他以微弱的声音问道："巴索洛缪，你怎么会赶到这儿来的？"

"哥哥，我来了，你放心吧，有我在这里，不会有事情的。"

巴索洛缪亲切的声音让哥伦布感动得热泪盈眶，句句都让他泪流不已，巴索洛缪又用手帕悄悄地擦去哥伦布眼角的泪水。

但是，越是这样，哥伦布眼角的泪水就越多，怎么擦也擦不干净。他一生历尽千辛万苦，心如磐石，但是现在老来生病，弟弟的问候竟然让他感到无比温暖，像一个孩子一般地哭泣。

哥伦布一边挣扎着起床，一边接过巴索洛缪手中的水杯，喝了几口之后他还是没有想清楚巴索洛缪是怎么到这个地方来的。

"哥哥，这件事情说来话长，当年我遵照你的吩咐，到英国去向亨利七世求助，没想到在半路上遇到海盗，被海盗洗劫一空，弄得潦倒不堪。"

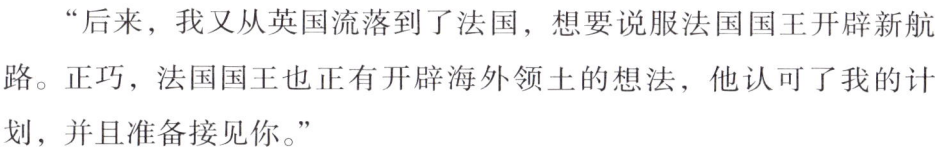

"后来，我又从英国流落到了法国，想要说服法国国王开辟新航路。正巧，法国国王也正有开辟海外领土的想法，他认可了我的计划，并且准备接见你。"

"当我来到西班牙之后才知道哥哥你已经在进行第二次远航了，我就向女王请求，准许我前来协助哥哥。承蒙女王允准，命我率领3艘船，满载食物、药品等赶来接济。"

"不巧，我刚好赶到，哥哥却又到南方探险去了。我立即率领船队向南方追赶，越过了古巴岛，只见一片汪洋大海，根本见不到哥哥船队的踪影，只得又再回头，在伊莎贝拉镇耐心地等待。"

"好不容易盼到哥哥的船队回航，想不到哥哥却又病倒了！"

"原来是这样，巴索洛缪，辛苦你了。"

哥伦布听完了弟弟的叙述，口中不断地祈祷，感谢神的恩典，眼眶里充满了喜悦的泪水。从此兄弟三人紧紧聚在一起，哥伦布不再感到孤寂了。

在巴索洛缪和迪亚戈的悉心照顾下，哥伦布很快就恢复了健康。但是这个时候的海地岛，却陷入了一片混乱之中。

治理新大陆

几个月前，哥伦布出航的时候，将岛上的大小事务都交给弟弟迪亚戈全权处理。

但是迪亚戈性情太温和了，他虽然是一个老好人，但是却并非一个理想的行政长官，他缺乏处理复杂殖民地事务和解决紧急问题的能力。

而二弟巴索洛缪则和迪亚戈恰恰相反，他遇事果断，刚毅不屈，对任何事情，只要作出决定就绝对不会轻易更改。不管面临着多大的苦难都会尽自己的一切力量去克服它，不达目的誓不罢休，是一位卓越的领导人才。

打虎亲兄弟，上阵父子兵。哥伦布一直以来都被看成是外国人，在西班牙一直不受到重视，那些船员对于哥伦布总存在着某种程度上的敌视。

因此，第一次远航的时候才会有"宾达号"的背叛，第二次远航的时候才会有三番五次的阴谋反叛。但是现在有了两个兄弟的加入，哥伦布相信他们很快就能够在殖民地站稳脚跟。

哥伦布任命巴索洛缪为海地岛副总督，让他代自己行使职权，处理好岛内所有的纷乱状态。

这么一来，自然又会引起一番私下议论。

"哥伦布私心太重了，他弟弟刚来不久，就被任命为副总督，这也太任人唯亲了。"

"一人得道鸡犬升天啊！"

"我看哥伦布这样做不像是那么简单，用自己的亲人做副总督，掌管岛内的一切事务，看起来野心不小。"

"说不定哥伦布想要在这里称王称霸呢?"

"也许他想要在这里建立独立国家，我们应该马上报告国王，让国王知道这里发生的事情。"

"把哥伦布这个外国佬赶出西班牙去。"

哥伦布没有想到自己的这一纸任命竟然会引起这样大的骚动，可是凭借着他个人的权威，这件事情还是被他压制下来了，但是岛内的混乱局势却是有增无减，而且更加不安了。

那么，好端端的海地岛，又怎么会突然间发生这么多骚动和不安呢?

原来，哥伦布向南方出航前，把行政业务交由弟弟迪亚戈代理，而军队则由马加利特负责统率指挥，负责维持岛内的治安和安抚土著人。

哥伦布出发后不久，马加利特命令阿隆索为守将，给他 50 多个士兵驻守在圣·汤姆斯营寨，自己则带领着大部分的军队，到岛上其他部落去了。

他们为"黄金热"所驱使，不听任何人的指挥，到各处去抢劫、杀害印第安人。

而其中有的人却在海地岛深处发现了金矿，但他们并没有把这个消息告诉其他人，只是悄悄地告诉了王室的官员。接着，这些人便在船舱里商量着下一步的措施。

迪亚戈曾派人去制止他们，他们不但不予理会，反而勾结一些对哥伦布不满的贵族、僧侣们，唆使他们乘船回国去向国王进谗言。

当他们看见哥伦布回来时已经生命垂危，更是喜出望外。第二天一早他们便抢占了 5 艘大船，带着金矿的样品逃回西班牙去了。

马加利特的肆意横行引起土著人们的愤怒，怒火就如同烈火一般地燃烧起来，岛内所有的大小酋长都联合起来反抗白人，他们焚毁小镇和街道，看见有白人落单就将他射杀。

海地岛本来是一个安静祥和的天堂，但是现在却成为恐怖和杀人的地狱了。这些酋长中反抗最猛烈的是大酋长卡奥那波，他本来就是一个天性好战的猛将，他的部落也都是英勇善战的士兵，对于这些白人的所作所为，他早就看不顺眼了。

尤其是当哥伦布在海地岛上修建城镇的时候，他感到非常的愤慨，这里本来是属于印第安人的领地，但是现在这些白人竟然硬生生地在这片古老的土地上修建城镇，这不是非法入侵吗？

大酋长卡奥那波登高一呼，立即募集到10000多名的土著人，当他们打听到那个杀人魔王马加利特已经回国，而圣·汤姆斯营寨仅有50多名士兵留守的时候，他觉得消灭这些白人的机会来了。

这个时候白人兵力空虚，如果不乘此机会杀死他们，恐怕以后就再也没有机会了。

在大酋长卡奥那波的领导下，10000多名土著士兵手持棍棒、短矛、弓箭，越过山岭，穿过密林，把圣·汤姆斯团团围住，日夜猛烈攻打。

圣·汤姆斯位于丘陵地带，四周有河川围绕，易守难攻，驻守的士兵心里明白，一旦被他们攻陷就难逃一死，所以个个奋战抵抗，誓死不屈。

西班牙人竭力奋战，把那些狂暴粗野、斗志旺盛的土著人大军杀得血流成河，土著人虽然人数众多，但是他们的弓箭不及西班牙人的枪炮厉害，几次交手都未能攻破城门。

相反地，土著人大军损兵折将，眼看死伤累累，士气低落，大酋长们还在奋力抵抗，但是小酋长们已经害怕了，他们暗中偷偷溜掉了。

这样，大酋长们和哥伦布他们在城下对峙了 30 多天，双方互有伤亡，但是谁也奈何不了对方，大酋长卡奥那波只好下令撤退。

圣·汤姆斯的危机终于得到了一丝缓解，哥伦布三兄弟也能松一口气了。

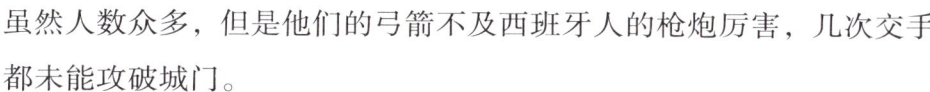

海地岛重归平静

海地岛成为了"恐怖"的代名词，这里每天都在发生着各种各样的战争，而且都是十分激烈的密林阻击战。

自从马加利特与印第安人之间的矛盾产生之后，流血冲突不断，圣·汤姆斯危机虽然暂时解除，但是白人和土著人之间的仇恨却日益加深了。白人们只要一进入森林，马上就会遭到印第安人的射击，印第安人躲藏在不同的角落，时时刻刻盯着白人的活动，只要他们一落单就予以射杀。

西班牙人愤怒了，这样下去总不是办法，他们来这里是寻找黄金的，不是来给印第安人当活靶子的。这批人总在总督府前闹，声称要是哥伦布不能保障他们的生命安全的话，就要回国请求军队的支援。

"哥哥，你不用担心，这件事情交给我来处理，我保证处理得稳稳当当。"巴索洛缪拍拍胸脯向哥伦布保证道。

根据巴索洛缪的建议，对岛上的土著人恩威并施，实行分化管理。不久之后，许多部落的小酋长都纷纷来归，彼此重修旧好，和睦相处。

但是威胁并没有因此就解除，因为岛上真正的反对派是那些大酋长，真正有能力反抗这些白人统治的也是这些大酋长，尤其是大酋长卡奥那波。

如果不能解决这个问题，白人的安全还是没有保证。可是大酋长卡奥那波依旧顽强不屈，反抗到底，明显不服管教，想要用安抚的手段让他归顺，显然不太可能。

可是要打仗的话，哥伦布的力量又明显太弱小了一些，50多个人守城马马虎虎，但是想要主动出击，可就不够了。

"总督大人，让我去吧，我去把那个大酋长抓过来。"哥伦布的一位部下叫作安杰森，他机智而且胆识过人，他自告奋勇地表示可以生擒卡奥那波。

哥伦布本来有些将信将疑，但因为安杰森一再地请求，就答应拨一小队人马，姑且让他去一试。

安杰森来到大酋长的部落之后，开门见山地说道："大酋长，前日里你我双方有一些误会，现在我们总督有意与贵方签署和平协议，互不侵犯，不知道大酋长觉得怎么样？"

大酋长卡奥那波说道："你们白人说话出尔反尔，我不相信。"

"为了表示我们的诚意，我们总督大人特别赠送给大酋长您一件盔甲，这可是我们总督大人的心爱之物，现在转赠给大酋长，足以表达我们总督罢战言和的诚意了吧！"

大酋长卡奥那波对于哥伦布身上那件盔甲早已垂涎不已，现在看见安杰森竟然将哥伦布的专用盔甲送给自己，心中已经信了三分。当即大酋长卡奥那波决定和安杰森一起去哥伦布的小城签署协议，路过森林中一个小湖泊的时候，安杰森又说道："大酋长，在穿上这件盔甲之前，还是先洗一个澡吧，这样显得庄重一些。"

大酋长想想也是，于是就下令手下离开，自己脱掉衣服准备跳入湖中洗澡，没有想到这里竟然埋伏了西班牙士兵，大酋长就这样被安杰森俘虏了。

照理说，到此地步，整个岛上应该恢复过去的平静才对。可是没有想到，卡奥那波的弟弟听说哥哥被俘虏了去，愤怒到了极点，于是又唆使一些意志不坚定的小酋长起而反抗，正在集合大军，企图突袭。

一场战争已经不可避免，哥伦布心想，敌军势大，如果等到对方突袭，恐怕对白人军队来说很不利，还不如先发制人，自己主动出击。

1495 年 3 月下旬，哥伦布和巴索洛缪率领步兵 200 多人，骑兵 20 余人，军犬 10 多只，从伊莎贝拉镇出发向希巴奥进军。

巴索洛缪向哥伦布说："哥哥，敌军人数众多，是我们的数倍，而且来势汹汹，我们不宜正面为敌，最好派人去和圣·汤姆斯的守军取得联系，采取夹击战术。敌人自恃人数众多，必会轻敌。我们不妨虚张声势，假装成很强大的样子。我相信一定能够以少敌众，大获全胜的。"

于是，哥伦布就把这 200 多人的部队分成几股，隐藏在密林里等候信号。等到敌人进入他们的埋伏地区后，一声信号，让他们从四面八方隐藏处向敌人猛袭。

果然，土著人以排山倒海之势拥来，嘴里怪声叫喊，令人胆战心惊。

突然间，凄厉的喇叭声响彻山谷，隐藏在密林里的西班牙士兵从四面八方冲来，枪弹密如雨点，土著人想都不想就以为是白人大军来袭，吓得四处逃窜。

20 多个骑兵手舞长剑横冲直撞，冲入敌军阵中，以一当十，虽然数量上不及土著人大军，但是在士气上已经占据优势。

这些土著人人数虽多，怎禁得起训练有素而且火力强大的西班牙军队的奇袭。顿时，死伤无数，溃不成军，侥幸未死的也全都抱头鼠窜逃得精光。

经此一战之后，那些大酋长们纷纷逃回自己的部落，小酋长们则纷纷来与哥伦布缔结和平条约。一场风波终于平定了下来。

岛上终于恢复了平静，土著人也不敢再行公然反抗。但是哥伦布心中却不好受。他的本意是传播基督，却没有想到要用流血冲突来平定时局，这让他心中愧疚不已。只能暗自祈祷这样的事情以后不再出现。

流言蜚语的攻击

1494 年 6 月，哥伦布正在海地岛上辛勤经营、艰苦奋斗的时候，那几位先前受马加利特唆使，潜返西班牙的贵族和僧侣却在国内大放厥词，拼命地攻击哥伦布，肆意地对他加以诽谤。

"哥伦布这个野心家，意图独占新大陆的财富，对待部下极为苛刻，强迫他们去从事劳动。"

"所有的人都要不眠不休地工作，但即便是这样也得不到合理的待遇，简直连牛马还不如。"

"由于过度的劳动，加之粮食缺乏，每个人都体力不支，病倒下去，但是哥伦布却把病人看作是虫子一样，不给他们医治，死了就随便扔到山涧中。"

"如果部下不小心犯一点过错，不管是贵族还是百姓，他就动辄鞭笞，任意侮辱。他简直没有把国王和女王放在眼里，他自己就是一个暴君。"

抨击诽谤哥伦布的流言从那些叛逃回来的人们口中流传出来，如此一传十，十传百，人们慢慢也就相信了。

流言越传越广，最后传到了国王和女王的耳中，两王召见了这些人，想要了解一些哥伦布在新大陆的具体情况。

"哥伦布到达新大陆之后都做了什么事情？又到过什么地方呢？最近可有什么新的发现？"

这几个船员一直待在海地岛上，哥伦布在古巴岛南岸和牙买加的那 40 天的航行，他们并没有参加，所以回答起来只能是吞吞吐吐、前后矛盾。

斐迪南国王皱着眉头，没有再说什么。

伊莎贝拉女王说："你们先回去，等候我们的答复。"

第三天，女王和国王召集了御前会议，首先由财政大臣作了一个冗长的发言，他将哥伦布两次远航的费用和哥伦布带回的物资进行了详细的比较。

"陛下，臣以为，这是一项完全赔本的买卖，哥伦布从新大陆带回的少量黄金、珍珠和其他物资，远远不能抵偿两次航行所耗费的钱财。"财政大臣最后总结说。

会上吵吵嚷嚷，莫衷一是。有的主张立刻将哥伦布逮捕法办，说他是个十足的骗子。

有的主张必须敦促哥伦布带回更多的黄金，用来补偿国库的亏损。还有的人认为，哥伦布的成绩不容抹杀，海地岛既然已经有了金矿，就说明希望仍然是存在的。

人们吵闹不休，争执不下。

斐迪南国王缓缓开口说道："只要将掘出黄金的2/3上缴国库，任何企业主都可以装备帆船去西方发现新土地并开采黄金。"

后来，流言从国内新来的人们口中传到了哥伦布的耳朵里。他心想，我忠心耿耿地为政府效力，辛辛苦苦地在这里规划经营，却无端地受到人们的谗毁、诽谤。马加利特这帮人实在太可恶了。为了澄清这种可怕的流言蜚语，看样子他有必要回国一趟。

哥伦布建造了一艘新船，定名为"圣·库列兹号"，另外又把"尼纳号"翻修一新。哥伦布把一些水土不服、不适于岛上居住的以及需要回国治病的人分别载在这两艘船上，向西班牙回航。

没有想到哥伦布又一次遭遇到了第一次回航途中的那种大风暴，不过比起第一次来，这一次显然有了经验，两艘船虽然差点沉没，但是船只并没有损坏。

因为受到怒涛和狂风的阻隔，船队不能如期回到西班牙，更为重要的是，这次船上随行人员很多，船队面临着断粮的危险。

每人每天都只能分到一个面包和一点点淡水，如果吃光了，他们就只能眼睁睁看着其他人吃面包。每个人都困苦饥饿，但是在这种条件下他们也只能祈求上帝的保佑。

御前会议结束不久，哥伦布率领他的船队也回到了西班牙的加的斯港，这一次没有举行欢迎仪式。

斐迪南国王冷淡地接待了哥伦布，伊莎贝拉女王也不再兴致勃勃地问这问那，国王把御前会议的决定通知哥伦布以后，就说自己身体不适，需要到后宫休息，哥伦布也只好告辞了。

在西班牙，关于哥伦布远航的事迹一直在人民中广为流传。哥伦布第一次远航所遇到的特大风暴，第二次远航在海地岛染上的可怕的黄热病，都被绘声绘色地加以描述。

至于哥伦布战胜风暴和黄热病，不仅被编成故事，而且还加上了许多神秘的色彩。所以，哥伦布在一般市民的心中，简直像神话中的英雄一样受到敬仰。

国王斐迪南虽然向人们宣布了御前会议的决定，鼓励企业主到西方去开采黄金，但是，人们一想到那可怕的风暴和黄热病，便都犹豫起来。

而哥伦布在两次航行中虽然差一点送了命，但回到西班牙以后，又在积极地准备第三次远航了。

海水竟然是淡的

1498 年 5 月 30 日，哥伦布开始他的第三次航海。

不过，这一次的情况相当凄惨，主动参加的人寥寥无几，后来还是靠政府的力量把一些犯人编列进去，才勉强凑足人数。

出航的那天，码头上冷冷清清，跟他凯旋回国时的热闹情景不可同日而语。因为哥伦布发现的新陆地，仅是在溪流里发现沙金，却没有大块的黄金，人们认为不值得去吃苦冒险。而且许多人受了谣言的影响，把哥伦布看作是冷酷无情、自私心很重的人，不敢跟随他。

哥伦布并未因此而沮丧，他一心要去发现黄金之国，并积极地建设新殖民地，以报答女王的知遇之恩。

哥伦布好不容易组织起 6 艘不大的帆船，船队从西班牙起航，向西进发了。哥伦布把六艘船分成两队，一队由他的弟弟巴索洛缪率领，直接驶往海地岛。他自己则带着 3 艘船，往西南方向驶去，准备去进行新的发现。

哥伦布第一次来到赤道无风带，这里海面平静，骄阳似火。尽管在海上，还是热得要死，不时有水手中暑倒下。即使在夜里，大家还是不停地出汗。

早晨火红的太阳刚从东方的地平线上升起，强烈的阳光照在皮肤上，就像火烧一样疼痛，水手们开始皮肤发红，后来又转黑，接着便开始脱皮。新长出的皮肤在灼热的阳光照射下，又开始发红、变黑、脱落。所有的船员，包括哥伦布在内，脸上、手上、身上，都是斑斑点点，像金钱豹一样，十分滑稽可笑。

风力极小，船队航行得极慢，有时简直像停止前进了一样，人们

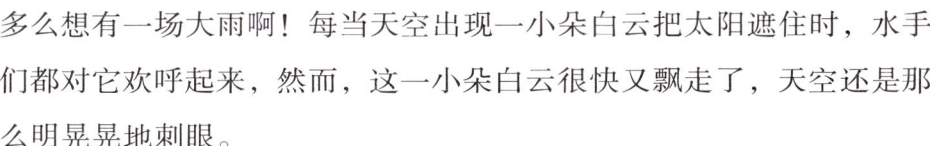

多么想有一场大雨啊！每当天空出现一小朵白云把太阳遮住时，水手们都对它欢呼起来，然而，这一小朵白云很快又飘走了，天空还是那么明晃晃地刺眼。

哥伦布的船队差不多有一个月就是这样在"火炉"中度过的。由于天气酷热，船上的淡水消耗得很快，哥伦布不得不采取措施，控制淡水的使用。中暑的人越来越多，有两名水手终于支持不住而死去了，哥伦布主持了简单的海葬仪式，用白布裹了尸体，抛入大海。

8月1日，哥伦布在西面看到了一片陆地，当船队慢慢地驶近时，发现这是一个很大的海湾。无数印第安人划着独木舟在海湾内航行；每人胸前都挂着一大块黄金，手腕上戴着珍珠。

这些印第安人仍然十分热情，告诉哥伦布他们，往北不远就是盛产珍珠的地方。友好的印第安人，毫无保留地将自己捕获的巨嘴鸟、电鳗鱼送给这些欧洲人。

巨嘴鸟身体不大，但那个坚硬角质的长嘴却有20厘米长、8厘米宽，而电鳗鱼又是一种特别鲜美的食品。这些动物，西班牙人从来也没有见过。

哥伦布为了弄清这个海湾的情况，使驾着小艇向海湾内驶去，在哥伦布面前立即出现了从来没有见过的情景，这个海湾里有很多巨大的旋涡，而且看到波涛汹涌的水流正向两个不同的方向奔去。

哥伦布在小艇上看着陆地上那些远处的高山，注视着这个海湾内那种奇特的水势，努力地思考着。

"淡的！上将大人，海水是淡的！"

一个水手惊呼起来。他划桨时，把海水溅在脸上，无意之中有了这个新奇的发现。

"是吗！"

哥伦布也感到十分惊奇，他打起一小桶海水来一尝，一点也不错，果然是淡水。

"淡水！淡水！"

"天哪，真的是淡水，这太奇怪了。"

水手们立刻欢呼起来。正当船上的淡水快要用完时，这个意外的发现使他们简直高兴得像疯狂了一样。

有两个水性特别好的水手，就从小艇上一头扎进海里，在海里洗着、笑着、尝着淡水的美味。

"再划过去看看！"哥伦布说道。

小艇越往前走，海水越好喝，而水势也越大，小艇不时地颠簸起来，他们不得不返回大船。

哥伦布的船队在这里加足了淡水，每个水手都痛痛快快地洗了个淡水澡，把那些积满盐霜的衣服也洗干净了。

哥伦布的船队又沿着这块陆地的海岸向北进发，途中经过一些岛屿，那里有很多印第安人出没在海浪里，这是他们在采集珍珠，后来就称这里为"珍珠海岸"。

哥伦布的船队继续北上，但哥伦布又病倒了，躺在吊床上昏迷不醒，又一次接近了死亡。重病中的哥伦布，脑子还是在一直思考着他久久没有解决的问题：海水是淡的！淡的！为什么？为什么……

哥伦布昏昏沉沉，有时完全失去知觉，有时又清醒过来，只要他的脑子稍能活动，他就在思考。海水为什么是淡的？为什么？

哥伦布在海湾考察的情景又一幕一幕地在眼前闪动，旋涡、向不同方向奔去的淡水。这些淡水是海洋里原来就有的吗？不可能。那是从什么地方来的呢？

哥伦布·坚持航海梦

"大河……对，大河！大陆！只有这样才能解释得通。"哥伦布在吊床上兴奋地大声叫喊起来。

医生吓了一跳，人们纷纷跑来。哥伦布轻声地说："请哪一位把我的话记下来。"

"是，上将大人！"有人拿出了羊皮纸和鹅毛笔。

哥伦布沉思了片刻，缓缓地说："海水是淡的，这一定是有一条很大很大的河流的水加入了这个海湾，而这条大河只能是从一片很宽广的陆地上流过！"

"这是在一个尚未被发现的新的大陆上形成的。我确信，这块陆地非常非常之大，而且在南方还有许多其他陆地。关于这些陆地，目前还没有其他欧洲人知道。"

哥伦布深深喘了一口气，接着说道："海湾中的淡水、旋涡，向不同方向奔去的水流，就是这个结论的不容置疑的证据。"

说罢，哥伦布头往旁边一侧，不动了，医生赶快拿起他的手，试了试脉，又翻开他的上眼皮看了看，说道："上帝保佑，上将大人还活着。"

哥伦布完全失去知觉地昏睡了两天，第三天醒来了，他又一次战胜了死亡。

哥伦布的推断完全正确，他们发现淡水的地方，正是南美洲大陆奥利诺科河河口，现在是委内瑞拉的东岸。而奥利诺科河正是从广阔的南美洲大陆向东流入大西洋。

哥伦布的船队沿着南美洲北部海岸航行了 300 多海里，这是欧洲人第一次到达南美洲大陆。

哥伦布的船队继续航行到哥伦比亚的达连湾，然后掉头北上，向海地岛驶去。

又一次蒙受冤枉

哥伦布回到了海地岛的圣多明各，准备休息一个时期，等恢复了健康以后，再向西去作一次考察。岛上的伊莎贝拉镇和新建立的圣多明各镇分别由迪亚戈和巴索洛缪两人治理。

贵族们在岛上胡作非为，把土著人当作牛马般地驱策役使，获得的财富则吞入私囊。哥伦布兄弟如果偶尔有些小过失，贵族们就夸大其词地蓄意渲染，写信向国王和女王打报告，极尽毁谤、中伤，把一切过错归咎于哥伦布一人。

而就在这个时候，西班牙国内又发生了一些对哥伦布极为不利的事情。

1498年葡萄牙人达伽马乘船东行，绕过非洲的好望角，第一次从海路到达东方的印度。达伽马受到了印度国王的热情款待，并且带回来大量的珠宝、丝绸和香料。葡萄牙人拼命夸奖达伽马的成就，嘲笑哥伦布的远征，讥讽西班牙王室的无知。

伊莎贝拉女王和斐迪南国王气得直咬牙。

这一天，一些大臣和以前跟着哥伦布远航的王室监督官来到了王宫，他们围着女王和国王，七嘴八舌地议论开了："瞧瞧，哥伦布给我们带来了什么？再看达伽马带回来的又是什么？"

"哥伦布是个十足的骗子！"

"投机者！"

"我们向天主起誓，哥伦布绝没安好心！"

"我们花了多少钱？死了多少人？"

"达伽马看到的是什么？是奇妙的建筑、繁华的大城市，无数的黄金、钻石、珍珠和香料，可哥伦布看到的又是什么？印第安人！印第安人！"

"鬼才知道哥伦布到的是什么地方！"

"是地狱！是恶魔的殿堂！"

伊莎贝拉女王气得用她的羽毛扇子拼命扇，斐迪南国王突然站起来，大声喝道："滚！你们都给我滚！我知道怎样对待这个恶棍！"

几天以后，一艘帆船载着内务大臣博瓦迪利亚离开了加的斯港。他带着国王的密令，直向海地岛驶去。

博瓦迪利亚是一个阴狠狡猾的人，他心中打定主意，不管哥伦布有无罪责，反正先把他拉下总督的宝座，由自己以代理人的身份接管下来再说。

就在这个时候，海地岛上不少西班牙人不听哥伦布的指挥，进行公开叛变，他们占领大片土地，强迫印第安人当奴隶，而且要求海军上将承认他们这样做是合法的。

哥伦布伤透了脑筋，这样一来，使他再一次西航考察的计划完全落空了。

不久，博瓦迪利亚的船到了海地岛。哥伦布在圣多明各热情地欢迎了王室派来的使臣。这位干练的、老奸巨猾的亲王博瓦迪利亚是懂得怎样行使他的权力的，他一走进议事厅，就当众宣布了王室威严而含蓄的命令。

任命内务大臣博瓦迪利亚亲王为海地岛及新发现的一切陆地的总督，海地岛的一切事宜均由新任总督博瓦迪利亚负责全权处理。

博瓦迪利亚宣布的这一决定，立刻得到叛变者的支持，因此他更加趾高气扬，随即又下令逮捕了海军上将哥伦布的两个弟弟，而且给他们两人上了沉重的镣铐，关进一个陈旧的炮台里。

哥伦布闻讯立刻赶来，他责问博瓦迪利亚说："你为什么把我两个弟弟扣押起来？"

博瓦迪利亚冷笑着回答："有人控告你企图将此岛占为己有，而且对待土著人暴虐残忍。如今我奉了国王之命来拘捕你，把你押解回国，接受国法制裁，我看你还是乖乖地认罪吧！"

国王竟然派人来拘捕哥伦布回国，他的一片忠诚遭到了难以辩白的误解。哥伦布满腔悲愤，双眼冒火，但他紧闭嘴唇，极力地忍耐着。

哥伦布心想，我是清白无辜的，女王陛下对我最为了解，只要回到国内，向国王和女王面禀一切，就可洗雪冤屈，还我清白。博瓦迪利亚是代表国王的全权使者，他狐假虎威，拿着鸡毛当令箭，我并不是对他有所畏惧，只是要遵守国法，做一个忠实国民，所以暂时不和他计较。

"好吧！请上镣铐。"哥伦布凛然无惧地伸出双手。

哥伦布是一位伟大的航海家、探险家，几十年的海上生涯，为理想、为抱负而艰苦奋斗，他具有过人的胆识和勇气，也有钢铁般的坚强意志。

可是，无情的岁月在他脸上刻画出明显的痕迹，一头的白发，满脸的皱纹，但双眼炯炯有神，犹有一种凛然不可侵犯的神色。

"咔嚓"一声，扣上手铐的那一幕，使很多人眼含热泪，别过头去，不忍目睹。

博瓦迪利亚住进了哥伦布的住宅，占有他的一切物品和文件，并把属于哥伦布个人所有的财产分给那些叛变者。

博瓦迪利亚干完这一切以后，便开始无休止地审讯哥伦布，审讯一直持续了两个月。最后，博瓦迪利亚给哥伦布定了一条"残忍和不能管理地方的人"的罪行，押回西班牙。

哥伦布的第三次远航就这样结束了。

监狱中的幻想

戴上手铐的哥伦布三兄弟，被押解上船，关在一间狭小的船舱里。

博瓦迪利亚真算得上是阴狠毒辣的家伙，他不许船员们供应他们充足的食物和饮水，也不准哥伦布兄弟三人走出舱门活动筋骨，让他们终日闷在幽暗而狭窄的小舱里。

哥伦布终究已经上了年纪，怎禁得起如此的折磨，他已变得不成人形了！

在一个秋末冬初的黄昏，一艘帆船驶进西班牙的加的斯港，从船上走下3个戴着镣铐的人，由一队士兵持枪押着他们。这3个人面容憔悴，满脸胡须，衣衫褴褛，步履艰难。

当这三个戴着镣铐的人默默地走过那长长的石阶，来到停在路边的那三辆马车旁边时，很多加的斯人都停下脚步来看着他们。

当人们认出他们就是赫赫有名的海军上将哥伦布和他的两个弟弟时，不由得大为吃惊。有的投以同情的目光，有的摇头叹气，有的洒下了同情的眼泪。

一阵晚风吹过，黄叶四散飘零，3辆马车在石板路上发出清脆的响声。哥伦布坐在颠簸摇晃的马车里，望着外面暮色苍茫的天空，喃喃地说："告别了，我的大海！我的希望！仁慈的上帝，你是多么的不公平啊！"

哥伦布疲倦地闭上眼睛，眼前又立即出现了大海、航船、港湾、岛屿、陆地……这些景象是那样的清晰，好像他现在不是坐在马车里，而是站在航船的驾驶舱里一样。

马车在通往塞维利亚的大路上行驶，在越来越浓的夜色中渐渐消失在远方……

哥伦布被押回西班牙的消息，开始只有极少的人知道，但是，几个星期以后，这个消息一下子传遍了整个西班牙。

西班牙那些著名的学者、比较有远见的大臣、曾经资助过哥伦布的大商人听到这件事都在摇头叹息，他们说："真不可想象，我们的君主干了一件多么愚蠢的事啊！"

当时，在西班牙的各大城市中，处处都在议论这件事，人们对逮捕哥伦布并把他戴上镣铐不仅表示惋惜，而且感到愤怒。

一种不满王室、同情哥伦布的情绪在西班牙滋长、蔓延。

王室财政顾问阿索隆对这一切了解得十分清楚，他已经接到不少有权有势的人以及一些著名学者的信件，这些信件要求他转告王室，说这样对待哥伦布是不公正的，并表示愿意保释哥伦布出狱。

阿索隆清醒地看到，如果继续坚持对哥伦布的监禁，那是多么的不得人心，而王室的威信必然会因为这件事而一落千丈。阿索隆已经下定决心，要向伊莎贝拉女王和国王斐迪南禀报这些情况。

第三天，一个振奋人心的消息传到了阿索隆的耳中。从海地岛的圣多明各又有两艘帆船到达加的斯港，这两艘船载满了从海地岛开采的黄金和在珍珠海岸搜集到的珍珠。

当阿索隆看到那一箱又一箱的黄灿灿的金子和闪光的珍珠时，禁不住脱口叫道："啊！我的上帝，我们开始收利息啦！"

阿索隆径直来到王宫，请求女王和国王立即接见他。

阿索隆见到女王和国王以后，很详细地谈到了全国对监禁哥伦布一事的愤怒情绪，并且很郑重地引用了他收到的那些信件中的话语。

最后，阿索隆说："陛下，我们不能不考虑到王室的威信，我们不能让别人在背后骂我们愚蠢和目光短浅。"

女王和国王沉思不语。

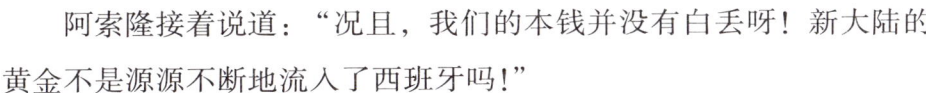

阿索隆接着说道："况且，我们的本钱并没有白丢呀！新大陆的黄金不是源源不断地流入了西班牙吗！"

女王和国王一直在沉思，过了很久，国王斐迪南才缓缓地说："那好吧，放了他。"

阿索隆恭恭敬敬地回答："是，陛下。"

伊莎贝拉女王嘱咐道："应该做得体面一些。"

阿索隆点着头说："那是自然的，陛下。"

哥伦布被押回西班牙以后，他们兄弟三人被分别囚禁在一座古老城堡中的3间房子里，石头墙壁上长满了青苔，四周阴冷而潮湿。这里，与外界隔绝了，当时在西班牙发生了什么事，他们一点儿也不知道。

哥伦布从海地岛带回来的东西，除了几件换洗衣服，还有他那自制的地球仪以外，其他全部被没收了。

哥伦布的身体远远不如从前了，可他对航海的热情并没有减退。每当夜深人静的时候，他就盘坐在地上，就着窗口那一线月光，端详着那跟着他好几十年的木制地球仪，3次远航的情景又在他眼前浮现出，甚至那些最小的细节也历历在目。

哥伦布一个人自言自语地说："我所到的到底是什么地方呢？是亚洲的东部？是印度还是中国？可是，为什么没有富庶的城市和灿烂的文化呢？那里到底是什么地方呢……"

哥伦布把地球仪拿在手里慢慢地转动着，又自言自语地说："大西洋的那边是什么地方……什么地方……什么地方……啊，我还必须往前走，还要往前走，我要一直向西最后回到欧洲……环绕地球航行一圈，这样……这样……"

哥伦布把地球仪继续慢慢地转动，喃喃地说："到那个时候，我就能知道我所发现的到底是什么地方了……对，只有这样，往前走……再往前走……"

从那一夜之后，哥伦布无论白天、黑夜，嘴里老是喃喃地自言自语："往前走……再往前走……一切就明白了……往前走……"

监狱长看到哥伦布的这种情况，以为他疯了，就请来了曾经给他看过病的医生。这个瘦小老头一走进来，哥伦布就高兴地招呼他："啊，医生，我很高兴见到你，你是给谁看病来了？"

"听说你这儿……"瘦老头医生指了指自己的脑袋说，"听说你睡不好觉，是吗？"

"年纪大了，睡眠少了，是自然的嘛。"

"你经常头痛吗？"

"不，我的头不痛。"

医生不放心，接连不断地向哥伦布提出了一连串的问题，哥伦布都回答得十分准确。

瘦老头医生最后问："你经常说'往前走，再往前走'是什么意思？"

哥伦布恍然大悟，他大笑了起来，说："原来如此，我是想如果再往前航行，从西边就可以环绕地球一周，再回到欧洲。"

瘦老头慢慢地站起来，点点头，他以惊奇而钦佩的眼光，凝视着哥伦布，想说什么，嘴唇抖动着，但是什么也没说出来。

瘦老头告别了哥伦布，在外面遇见那位请他来的监狱长。监狱长问道："医生，上将大人健康吗？"

医生回答说："一切正常，神志完全清楚。"

监狱长吃惊地问道："那他为什么……"

瘦老头医生眼圈红了，他连忙掏出手帕来擦眼泪，颤抖着说："上将大人……到现在他想的还是……航海发现！"

哥伦布的胸襟真是让人感动，一个伟大的航海家，哪怕是获罪狱中，仍然保持着自己的航海热情，这真是让人钦佩呀！

最后的远航

只要我们把希望的大陆牢牢记在心中，风浪就一定会被我们所战胜。

—— 哥伦布

开始环球航行

一名王室的官吏带着几名随从骑着马来到囚禁哥伦布的城堡，并宣布王室的特赦诏书，命令立刻释放哥伦布。同时，王室的官吏还交给哥伦布一封国王的亲笔信，信中对哥伦布的不幸遭遇表示同情并致以歉意。

在哥伦布出狱后的第二天，伊莎贝拉女王又派人送给哥伦布2000枚金币，让他添置衣物、用品。还告诉哥伦布，在他认为方便的时候，随时可以进宫晋见女王和国王。

几天以后，国王和女王接见了哥伦布。当时的场景是很感人的。

50多岁的哥伦布情绪激动，跪倒在地，老泪纵横。

伊莎贝拉女王的眼圈微微地红了，一阵心酸，失声痛哭道："错怪你了，相信我，我会给你最公正的待遇，不要再哭了，起来吧！"

国王斐迪南显得很激动，他说："我们派博瓦迪利亚到海地岛完全是为了平息叛乱，我们担心您不好处理这些事情，所以派他来完成这项使命……"

"真没想到博瓦迪利亚这样胡作非为，"国王显出很气愤的样子，接着说道，"博瓦迪利亚竟然逮捕了你，还上了镣铐，这成什么话！"

女王对博瓦迪利亚擅自拘押哥伦布尤为痛恨。她建议国王恢复哥伦布的总督职务，而把博瓦迪利亚免职，押回国内议处。

哥伦布叩谢两王的恩典，退出王宫。弟兄三人感慨万千，相拥而泣。

前不久刚生过一场病的哥伦布如今又受到如此沉重的打击和折磨，以致身心俱疲，很需要一段时间的休养。哥伦布一边休养，一边等待国王的复职令。可是，迟迟没有消息。

原来国王另有想法。当初国王曾经和哥伦布约定，哥伦布可享有他发现的新陆地上的一切财富的1/10，而且他的子孙世世代代承袭其职位。

可是斐迪南国王后来越想越不是滋味，不免有些后悔，但一时又想不出推翻约定的好借口。

经过一番思索，国王终于想出一个冠冕堂皇的理由，他向女王说："博瓦迪利亚取代哥伦布治理该岛期间，广植私党，胡作非为，早就有很多人向我提出报告。如果让哥伦布回去恢复原职的话，那些余党必会联合起来跟哥伦布对抗，岂不是又将引起一场大混乱？"

"倒不如先派一个有魄力的人去当总督，经过一番整顿，等情势转变以后，再让哥伦布回去复职比较妥当。"

这个理由确实听起来冠冕堂皇，无可反驳。哥伦布只好无限期地等待下去了。

哥伦布又一次面见了国王和女王。

"我现在只有一个请求……"哥伦布说。

"你说吧！我们一定满足你。"女王说道。

"陛下，再让我装备几艘船，我要做一次环球的航行。这样，我就能完全弄清我发现的那些地方到底是怎么回事了。"哥伦布急切地说。

两位君主吃了一惊，没有想到这个上了年纪的人还有这样大的雄心，真是不可思议。

但国王斐迪南随即就微笑了："好吧，我同意你的请求。"

国王把头转向旁边的侍从，吩咐道："请尼古拉斯·奥温多。"

奥温多不一会儿就来到了王宫，这是一个留着两撇小胡子的胖子，他彬彬有礼地站在女王和国王的面前。

斐迪南国王向哥伦布介绍说："这就是我新任命的总督尼古拉斯·奥温多，他负责航海和新陆地的开发事宜。你会得到他的帮助的。"

国王又转向奥温多，说道："听说您也是一位酷爱航海的人呢！"

"是，陛下。"奥温多向女王、国王恭敬地行了礼，又向哥伦布点点头。

哥伦布也向奥温多点点头，心里很清楚，王室对自己已经不再信任了。

国王斐迪南好像猜透了哥伦布的心思，他向哥伦布说道："新陆地的事务越来越多，让奥温多来具体帮助你，不是很好吗？"

哥伦布苦笑了一下："当然好，陛下。"

从这个时候开始，王室就通过奥温多把哥伦布的发现完全抢到了手里。

从海地岛运回的黄金和珍珠又使很多西班牙人做起黄金梦来了，他们纷纷要求跟随奥温多前去猎取幸福。

奥温多在王室的直接支持下，撇开哥伦布，很快装备了 30 艘航船，这个巨大的舰队，带了 3000 名冒险家和黄金迷，于 1502 年春扬帆西进了。

哥伦布要求进行环球航行的计划受到了各种阻碍，直至这一年的秋天，他才勉强装备了 4 艘小型的帆船，带着 150 人，去进行环球航行。

哥伦布的船队和奥温多的庞大舰队比较起来是多么的渺小，但哥伦布的航海计划又是多么的伟大！

当时，哥伦布的长子迪亚戈·哥伦布寄养在家中，没有随同出海，哥伦布仅把年仅 14 岁的次子斐尔南带在身边。

在哥伦布出发的时候，奥温多已经到达海地岛好几个月了，并且开始了罪恶的殖民主义掠夺。

当哥伦布的船队来到海地岛的圣多明各时，奥温多派出的小艇阻止哥伦布进港。

哥伦布站在船头上大声问道："这是为什么？"

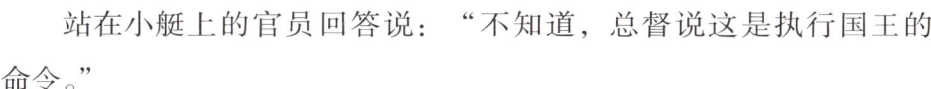

站在小艇上的官员回答说："不知道，总督说这是执行国王的命令。"

哥伦布气得脸色铁青，愤怒地说道："你回去告诉你们的总督，让他放心，哥伦布和他的船队是不会抢别人的东西的。我们不进港！"

这时候，哥伦布看见有两艘帆船驶出圣多明各港向东航行。哥伦布看了看天空，在西方的天边，好像鱼鳞一样的白色小球状的云，排列成群，由西向东缓慢移来，这是风暴即将来临的预兆。

哥伦布立即向两艘船发出警告，告诉他们晚上可能有风暴，但是这两艘船根本没有理会，仍在张帆向东行驶。

哥伦布又发出危险的警告，他们仍然不理。

博瓦迪利亚正站在船头上，大声地向哥伦布喊道："上将大人，谢谢你的关心，我的船正顺风航行呢，一切很好，请你收回你的危险警告吧，难道世界上只有你一个人才懂得航海吗？哈哈！哈哈！"

哥伦布无可奈何地摇摇头，看着这两艘帆船渐渐消失在东方的地平线下。哥伦布的船队当天就在圣多明各附近的海面上停泊抛锚，准备抵御即将到来的风暴。

不出所料，这一夜，刮起了强烈的暴风，帆船在海浪中剧烈地晃动，随时都有倾覆的危险，哥伦布和全体水手一夜没有合眼。

哥伦布望着黑浪滔天的大海，回想到自己被西班牙王室排挤、猜忌的不幸遭遇，感慨地说："啊，这原来就是国王陛下向我说的，奥温多总督给我的具体帮助！"

黎明时刻，风暴已经过去，海面恢复了平静，哥伦布率领他的船队离开了海地岛，继续向西航行。海地岛是他发现的，圣多明各是他建立的，但是，哥伦布却只能远远地从海上眺望它们了。

就在这一夜，那两艘不听哥伦布警告的满载黄金、珍珠的帆船，被海浪吞没了。包括那个给哥伦布戴上镣铐的内务大臣博瓦迪利亚在内，所有船员都葬身海底。

寻找向往的海峡

哥伦布站在驾驶舱里瞭望着波涛汹涌的大海。他确实苍老多了。阳光、海风不仅使他的皮肤成了棕褐色，同时也刻上了一条条深深的皱纹。

疾病、劳累和囚禁生活使他消瘦下来，哥伦布那一双明亮的蓝眼睛也深陷了。他的目光虽然还是那样有神、坚定和无畏，可是也已经饱藏着那种内心深处的忧伤和痛苦。

"往前走……再往前走……"

哥伦布轻声地自言自语，他的心中只有这最后一个梦想。

迎着风浪，哥伦布的船队艰难地向西航行，经过古巴岛的南岸，然后再向南，到达中美洲洪都拉斯北岸。

在哥伦布船队的周围，有无数只独木舟在来来往往，这里的居民虽然没有什么黄金和珍珠，但是船上堆放着染了色的布匹、衣裳、木器和钢具，而且他们用可可豆作为货币来使用。

这是欧洲人第一次接触到玛雅民族的高度文明。

在离哥伦布船队的西方不远处，就是墨西哥南端的尤卡坦半岛，而墨西哥从很早的时候起，就有了高度的文化。

哥伦布在驾驶舱里，看到了南方陆地上的连绵不断的山脉，哥伦布想，这一定是一片新的陆地。他的判断完全正确，那里正是中美洲大陆。

哥伦布的船队现在是沿着中美洲的东岸向南航行。他希望能够找到一个海峡通道，使船队能够通过它西航到达中国、印度，然后再继续西行返回西班牙。

这是哥伦布最大的希望，进行一次环球航行。

哥伦布也经常上岸考察，可是这里鲨鱼成群，在岸边的岩石上还经常可以看到那些昂着头，像枯树一样的鳄鱼。哥伦布他们上岸不能不十分小心。有一个水手一不留神，被一头藏在石头后面的鳄鱼用它那满是鳞甲的长尾巴扫进海里，哥伦布亲眼看见鳄鱼和鲨鱼在水中争夺这个水手的可怕情景。

其他的人一面惊呼，一面向那些凶恶的鳄鱼和鲨鱼开枪，但是这个水手一会儿便被撕成碎块了。

哥伦布船队的这次航行，遇到了从来没有的艰难困苦。狂风迎面扑来，不仅每一天只能前进 10 海里至 15 海里，而且每一分钟都有被巨浪掀翻或触礁的危险。同时，瓢泼大雨从来也没有停下过，每天都是阴云密布，大雨倾盆。哥伦布的船队好像驶进了黑暗的地狱一样。

40 多天来，看不见太阳，看不见月亮，看不见星星，也看不见蓝天。狂风、乌云、恶浪、暴雨每时每刻都在袭击哥伦布那 4 艘可怜的帆船。

海峡啊，你在哪里？哥伦布的船队冒着搁浅、触礁的危险，一次又一次地靠岸，一次又一次地离开。

海峡啊，你在哪里？哥伦布和水手们冒着被巨蟒、鳄鱼吞食的危险，一次又一次地登上陆地，一次又一次地回到船上。

海峡，仍然无影无踪。

"船长，我们回去吧！"

水手们不止一次地请求哥伦布返航。

哥伦布总是摇摇头："向前走，再往前走。"

在连绵不绝的风雨中，船体开始生霉、腐烂、漏水，食物开始变质、生虫。哥伦布和水手们吃饼干时，只有闭着眼睛，否则看见那一条条四处乱爬的虫，是怎么也吃不下去的。有的人吃完饼干睁开眼睛，看见那些爬来爬去的虫，又"哇"的一声全都吐了出来。

哥伦布和水手们一个个都先后病倒了。他不止一次地接近死亡，他那垂危的躯体奇迹般地又不止一次地复苏过来。

哥伦布生命的烈火，现在好像只剩下最后一点火星了，但是它却没有熄灭。"往前走，再往前走。"哥伦布在驾驶舱里挂上了一张吊床，他就躺在那里指挥他的船队南行。

有一天，一群水手奔进驾驶舱，七嘴八舌地说："上将大人，这里我们来过，上一次来过，它叫达连湾，你看，那山，那礁石……"

"是这样吗，船长？"哥伦布从吊床上问船长。

"是的，我们上一次从南方来到过这里。"船长说。

"扶我下来。"哥伦布喊道。

几名水手把哥伦布扶下来，他站在那里，看着岸边那些他已经熟悉的景色，低声说道："是的，是的，我们来过，达连湾……"

哥伦布第三次远航，在南美洲北部奥利诺科河口发现的那个淡水海湾以后，继续前进曾来过这里。

"抛锚吧！"哥伦布小声地说。

"抛锚！"水手大声下着命令。

哥伦布站在那里，望着茫茫的大海，沉思地说："再往南行去寻找海峡已经不可能了，海峡啊，你在哪里？也许……根本就没有这么个海峡吧！有的只是一道巨大的壁垒，它把我们和东方世界隔开了，也许吧……"

确实如此，在大西洋和太平洋之间，有一块广袤的美洲大陆将其隔开，在当时并没有一个连接两个大洋的海峡通道，只有一个连接南北美洲的极为狭长的中美洲地峡。

直至400多年以后的1914年，在中美洲地峡的巴拿马运河修通以后，才把大西洋和太平洋连接起来，航船才能直接穿过美洲大陆的中部，到达太平洋，进入东方。

同印第安人联欢

几天以后，哥伦布的船队停在达连湾里，他派 10 名水手去找几个年老的印第安人来。这 10 名水手是跟着哥伦布航海多次的，能够听得懂一些印第安人的话。

哥伦布想找几个印第安人的目的，就是想证实一下，所谓的"海峡通道"是不是存在。两天以后，这 10 名水手回来了，他们完成了任务，带来了 3 名年老的印第安人，不过不是友好地请来的，而是把他们拥着拖来的。

这 10 名水手还有个额外的收获，就是击毙了一只正在啄食山羊的巨大的兀鹰。走在最后的两名水手得意地将兀鹰那巨大的翅膀展开，用一根木棍抬着。等在岸边的水手们高兴地迎接了他们的伙伴，当他们看到那兀鹰展开的 4 米长的巨大翅膀时，更是惊奇到了极点。

3 名年老的印第安人看到停留在那里的几艘小艇，无论如何也不肯上去，他们拼命挣扎。懂得印第安人语言的水手怎么解释也没有用。最后只有把这 3 个老人抬上小艇，驶向大船。

哥伦布在自己的船舱里接见了他们，差不多整整用了一个上午的时间，才将这 3 位老人的情绪安定下来。

中午盛情招待这 3 位老人进午餐。当几大杯葡萄酒下肚时，3 位老人开始高兴起来，滔滔不绝地说着话。

哥伦布一边比画手势，一边不连贯地说着一些印第安人语言中的词语。最后，总算让 3 位老人明白了哥伦布的意思。

"我们 3 个活了大半辈子，足迹差不多踏遍了这块陆地，但是从来也没有见到过能航行船只的海峡通道。"

"不仅我们没有见到过，而且我们从来也没有听到别人说过。如果要过去。只能从陆地上走过去。"

"不过，我知道在大陆的另一边，也是无边无际的海洋，谁也不知道它有多么宽广，我们习惯称它为南海。"

哥伦布欣喜若狂地记下了这个惊人的消息，并把这个消息带到了欧洲。印第安人所说的南海，就是今天我们所说的太平洋。

傍晚的时候，谈话结束了，哥伦布准备留3位老人在船上过夜，但是他们执意不肯，坚持要回去。

没有办法，哥伦布只好拿了几瓶酒、几匹布送给他们，并祝他们一路平安。

正当几个印第安老人登上甲板准备下到小艇的时候，突然被一种奇异的景象惊呆了。在夜色即将笼罩的海面上，星星点点，到处都是火把，不知从什么地方一下子聚集了好几百艘独木舟，把哥伦布的4艘帆船团团围住。

印第安人举着熊熊燃烧的火把，带着弓箭、长矛。船员们见此情景，立刻惊呼起来，一个个都拿着枪跑上甲板，准备战斗。

箭"嗖嗖"地在空中飞着，钉在船楼上、桅杆上、船帆上，但是都没有伤着人，印第安人显然是在示威。

哥伦布问老人们是怎么回事，老人们看了看那些愤怒的印第安人，随即走向船边，大声地向着那些印第安人说着话。

不一会儿，就从一只独木舟上站起来一个高大、威武的印第安人，他把手放在嘴边，向着海面"哇……哇……"地喊着，所有的人立即停止了对西班牙人的攻击，把独木舟飞快地划拢过来。

这个高大的印第安人站在独木舟上向着他的部下大声地说了几句话，所有的独木舟上便发出"哇……哇……"的欢呼声，他们立即将船散开，划向岸边去了。

印第安老人向哥伦布解释说："他们听说我们被你们抓来了，就组织起这好几百人的队伍，准备来营救我们。现在，看到我们3个人并没有受到伤害，又听说你们待我们很友好，他们就走了。刚才这个印第安人是我们部落的首领，他让我转告你，他们今晚要在这沙滩上举行节日的跳舞晚会，还欢迎你们去参加。"

印第安人一到岸边，就纷纷跳下独木舟，将火把丢在沙滩上，立刻就燃起3堆熊熊的篝火。这些印第安人把长矛往地上一插，把弓箭挂在长矛上，就围着众人欢快地唱起来，跳起来了。

月亮从海面上升起来了。海面波光粼粼、银光闪闪。

哥伦布和几名水手坐着小艇送3位印第安老人上了岸，这些印第安人看见他们来了，唱得更欢，跳得更乐了。

哥伦布两个月来，一直在艰苦中航行，历尽辛劳，现在见到这种情景，也受到了感染，精神为之一爽。他立即命令水手拿几桶酒来。

篝火、月光、欢乐的印第安人，多么好啊！哥伦布还从来没有经历过这样美好的夜晚呢！

酒来了，西班牙水手也纷纷来了，印第安人在火堆上烤着大块的鹿肉。西班牙人和印第安人一起，喝着欧洲的美酒，吃着美洲的鹿肉。

这一次史无前例的篝火联欢晚会正在热烈地进行。哥伦布看着这个欢乐的场面，心想：人类，不管他们是什么种族，都应该这样友好相处。

可是哥伦布又哪里知道，奥温多在海地岛进行殖民主义的掠夺是多么的残酷啊！

哥伦布和印第安人联欢，整整庆贺了一个晚上，直至第二天东方露白，他们才各自回去休息。

困在牙买加的日子

哥伦布的船队在达连湾休整了几天以后，便起锚返航了。寻找海峡通道的目的虽然没有达到，但他们却对中美洲和南美洲的东海岸进行了大量的考察工作。

得到没有海峡通道的结论和有关南海的信息，就已经是极大的成就，哥伦布这一次艰苦的航行并没有白费。

哥伦布的航船已经霉烂、破旧不堪，在返航的途中又遇到了几次极大的风暴，船体漏水越来越严重，一路上不得不抛弃一艘，又抛弃一艘。

当他们来到牙买加岛附近的海面时，就只剩下两艘即将沉没的破船了，船舱里几乎全部进了水，水手们一天到晚拼命往外舀水也无济于事。

哥伦布命令这两艘船并排着直接向岸边驶去，借着一阵顺风，两艘船冲上了沙滩，停住了。

哥伦布的这一决定是英明的，如果他们继续留在海上，肯定等不到天黑就会沉入海底，现在搁浅在海滩上，总算是救了全船的人员和物资。

哥伦布用破旧的船帆、木板在搁浅的破船上搭起临时住宅，安顿了所有船员，接着就开始考虑下一步的措施。

哥伦布的部下有一名船员叫孟德斯，他建议再去找一次奥温多，让他派一艘船来，并且自愿前往。

孟德斯说："从这里到海地岛的东岸只有200英里，如果直接到圣多明各，航程最多600多英里，海军上将，是不是这样？"

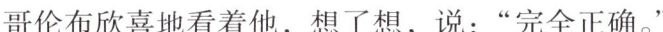

哥伦布欣喜地看着他，想了想，说："完全正确。"

孟德斯说："我可以乘印第安人的独木舟去。"

"你有什么办法让奥温多派船来？"

"我早就想好了。"孟德斯笑着说，"我就说我们发现了巨大的金矿，你看！"

说着，孟德斯便从自己的口袋里拿出一块金矿的样品。说道："只有这个，才可以打动我们总督大人的心。"

哥伦布笑着问道："孟德斯，我今天才发现，你还是一个很精明的人，你这套骗人的把戏是从哪里学来的？"

"从我们总督那里学的。"孟德斯说完便放声大笑起来。

"那么，试试看吧！告诉奥温多，装备那艘船的费用完全由我出。"

"好的，上将大人，那写封信吧！"孟德斯说。

第二天，孟德斯带着海军上将的信，和两名水手一道，乘上印第安人的独木舟出发了。没过多久，他们就顺利地到达圣多明各港。

码头上，正有一队印第安人扛着沉重的木箱，登上即将开往西班牙的帆船，西班牙士兵端着枪押着他们。

孟德斯想，这箱子里大概是黄金吧，总督大人又发财了。

在那即将离港的航船的桅杆上，高高地吊着一个印第安人。赤着身子被反捆着双手的印第安人发出一声又一声凄惨的呼叫。

孟德斯看见这一切，回想起在达连湾和印第安人在一起的那个欢乐的夜晚，心情立刻变得十分沉重。

孟德斯来到了奥温多的住宅，这是一个用石块、木头建筑起来的富丽堂皇的"总督府"，庭院里有很多印第安男女仆人在匆忙地来来往往，但他们都毫无表情。

奥温多在客厅里接见了孟德斯。总督大人保养得很好，满面红光，他的身躯比在西班牙时更加肥胖了。

这间客厅相当讲究，布置了从西班牙运来的家具，墙壁上挂着圣像，地板、门窗都是用名贵木材做的。如果不是墙上挂着印第安人的弓箭，孟德斯可能会产生已经回到西班牙塞维利亚的错觉。

奥温多接过孟德斯呈上的哥伦布的信件，仔细看了两遍，然后问起他们的情况。

孟德斯谈到了哥伦布的航行经过，他缩小了这次航行所遇到的困难，同时又尽量地夸大了在沿途的所见所闻，并且说哥伦布已经发现了蕴藏量极其丰富的金矿。接着就把那块金矿样品交给奥温多。

奥温多接过那块金矿样品，细细地察看起来："嗯，好，好。"

"那么，总督大人，您什么时候派船去营救哥伦布上将呢？"

奥温多不假思索地说："我们立刻就办。"

孟德斯高兴地离开了总督府。但是一天两天过去了，一个月两个月过去了，仍然不见派往牙买加的帆船。

奥温多总是今天推明天，明天推后天，一会儿说船只正在修理，一会儿说事情太忙。

孟德斯明白，向总督要船已经是毫无希望了。他便立即改变策略，在圣多明各那些和王室有关系的有势力的人物中间活动，希望他们能向奥温多施加压力。

正当孟德斯在圣多明各为筹募船只不停地奔波活动时，哥伦布在牙买加岛已是度日如年了。孟德斯离开后，牙买加岛上发生了巨大的变化。开始的一两个月，还比较平静，当地的印第安人和他们交换物品，供给他们食物。

但是不久，这些西班牙人便烦躁起来，开始背后说风凉话，接着越来越不听哥伦布的指挥，他们擅自深入牙买加岛的腹地，抢劫印第安人的财物，多次发生冲突。印第安人不仅再也不和他们接触，而且有时还伏击西班牙人。哥伦布对这些不听命令的部下采取了各种措施，都无济于事。

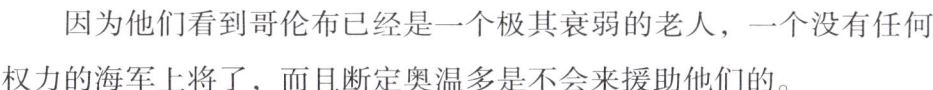

因为他们看到哥伦布已经是一个极其衰弱的老人，一个没有任何权力的海军上将了，而且断定奥温多是不会来援助他们的。

不久，便发生了公开的叛乱。

以两名船长为首，纠集了近百名船员，抢夺了印第安人的10余只独木舟，投奔奥温多去了。临上船的时候，有的人竟然向哥伦布挥舞刀枪，嘲讽地大声说道："再见了，上将大人，祝您幸福健康，愿上帝保佑您。哈哈哈哈……"

留在牙买加岛上的，除了和哥伦布生死与共的约七八名水手以外，其余都是些老弱病残，总共不到30人。

时间一天一天地过去，这30余人的处境越来越艰难，因为那些叛变的人，把稍微好一点的用品都带走了。

哥伦布他们现在只有靠捕鱼、打猎和采集野果为生，过着原始人的生活。在离海滩不远的那个小山坡上，已经整整齐齐地出现了7个坟堆，每个坟堆的前面都插着一个用树枝削成的十字架。

他们的生活虽然十分艰难，但是没有人去骚扰、抢劫印第安人。一个月一个月地过去了，印第安人又和他们接近起来。

有一天，又有一名老水手死去了，哥伦布他们抬着尸体到那个小山坡去安葬。途中遇到五六个印第安人，这些印第安人也跟在送葬队伍的后面，西班牙人掩埋好同伴的尸体，插上一根用树枝做的十字架，哥伦布便站在坟前默默地祈祷。当完成这一切以后，哥伦布发现，那些印第安人也流下了同情的眼泪。

第二天一早，有三只独木舟来到了哥伦布停在沙滩上的那两艘破船的地方，印第安人给他们送来了好几筐木薯和玉米，这是印第安人的主要粮食。

接着几个印第安人又从独木舟上抬下一条两米长的大蜥蜴，这是像四脚蛇一样的爬虫，肉可以食用。印第安人在沙滩上宰杀了这头大蜥蜴，交给西班牙人，然后又登上独木舟离去。

一个个西班牙人都被感动了，哥伦布那深陷、苍老的眼睛里也流下了热泪。

回到久别的西班牙

哥伦布在牙买加岛上被困了整整一年。这是一段相当艰苦的岁月。他们留下的人员死伤过半，好不容易盼来了救援。

1504 年 6 月，孟德斯费尽波折，终于开了两艘小帆船来到牙买加岛。

当两艘帆船驶抵牙买加岛时，哥伦布他们兴奋、欣喜的心情真难以形容。他们把孟德斯高高地抬起来，高呼着："英雄！英雄！我们的英雄！"

孟德斯走上岸，向哥伦布行了个军礼："报告上将大人，孟德斯遵照您的指示，带来了两艘帆船，只是……太晚了点。"

哥伦布很欣慰地说道："不，孟德斯，你做得很好，我知道你一定尽了最大的努力。"

"总督大人很难缠，一直迟迟不肯发船相救。"

哥伦布奇怪地问道："你那金矿样品没有吸引力吗？"

"不是，"孟德斯说，"黄金对奥温多的魔力，我原来估计得不错，但是有一点我疏忽了，那就是他更爱权势，他怕你到了海地岛会影响他至高无上的权威，因为在圣多明各有不少支持你的人和你的老下属。"

"总督大人一直在想一个两全其美的办法，既要得到你发现的黄金，又不要你回到海地岛以免降低他的威信，但一直没有想出个两全其美的办法，因此迟迟不肯发船。"

哥伦布笑着说："但是我们的孟德斯胜利了。"

孟德斯也笑了，他接着说："我一个人也是无能为力的，我在圣多明各那些支持你的人中间活动，大家向他施加压力，并扬言要给女王写信，告发他在海地岛侵吞王室收入的罪行，他这才屈服了。"

"啊，是这样。"

哥伦布点点头，若有所思。他将一切可以留下的东西，包括孟德斯带来的一些食品、日用器皿都留给牙买加岛上的印第安人了。

对于印第安人在他们极端困苦中所给予的援助，哥伦布将永记不忘。

哥伦布来到了埋葬着他的同伴的小山丘，向死者告别，然后登上了孟德斯的航船，向海地岛进发了。在这两艘帆船后面跟着 10 多艘独木舟，印第安人把他们送出很远。

当这两艘帆船到达圣多明各港时，码头上立刻鼓号齐鸣，奥温多穿着黑礼服在岸边迎接哥伦布的到来。

孟德斯向着哥伦布耳边轻声说道："上将大人，你看总督这样做，显得多体面、多大方。"

哥伦布笑了笑，没有说话。

奥温多陪着哥伦布检阅了他威严的卫队，进入总督府。奥温多彬彬有礼地向哥伦布问候几句以后，就把他带进总督府里的一个房间，这里早已收拾好了，一切都布置得妥妥帖帖。

"上将先生，您就住在这里，觉得还满意吗?"奥温多说道。

"很好，谢谢。"哥伦布说。

"您就像到了自己家一样，需要什么，尽管向我提出来，我十分乐意为您效劳。"奥温多笑着说。

"很好，谢谢。"

奥温多挪动着他那肥胖的躯体走了，哥伦布便在这里住了下来。

奥温多安排哥伦布的住处是很费了一番思考的。把哥伦布留在总督府里的目的，一方面显示了他对哥伦布的无微不至的关怀；另一方面，哥伦布就生活在他的眼皮底下，一言一行他都了如指掌，万一哥伦布不守本分，图谋不轨，他就可以及早发现，便于采取措施。

哥伦布住下以后，就一直闭门不出，成天在窗前整理他的航海资料，只是每天日落的时候，在海边散散步。

哥伦布对奥温多的一切都不闻不问，也不感兴趣。奥温多渐渐放心了。

哥伦布在圣多明各住了两个多月，终于把他的航海资料整理出个头绪了。当时，哥伦布已经是一个 60 多岁的老人，劳苦、疾病使他本来十分健壮的身体虚弱不堪，满头白发，行动迟缓，只有那一双蓝眼睛仍然炯炯有神，充满生命的活力。

最让哥伦布无法忍受的，就是他的一切要求都要得到奥温多的允许，而他又极不愿意和总督大人打交道。

哥伦布在这里已经无事可做，他下定决心，回西班牙去。

1504 年 9 月，哥伦布带着他的唯一财产——一箱子航海资料和那个木制的地球仪，登上开往西班牙的航船。

奥温多仍然穿着黑礼服在圣多明各港彬彬有礼地为他送行，并祝海军上将一路平安。说真的，也难为这位总督大人了，按照西班牙国王的指示，不能怠慢哥伦布，但是又不要让他插手西班牙攫取黄金的事情。

现在这位航海英雄终于要走了，奥温多也就可以放手去大把大把地挖取美洲的黄金了，哪里还会不高兴呢？

哥伦布乘坐的帆船，行驶在浩瀚的大西洋上。这正是秋高气爽的季节，海天一色，碧波万顷。信天翁展开它阔大的翅膀，在帆船上空盘旋，跟着它前进。

这位为了西班牙的航海事业奉献了自己一生的老航海英雄，被困在牙买加岛足足一年，今天，终于要回到久违的西班牙去了。

杜罗河畔的落日

哥伦布回到了西班牙，他用自己的财产安抚了那些跟随他出生入死的船员的亲属，不管他们接受与否，他的内心总算感到轻松些了。哥伦布了却了自己的心愿，办完了这一切以后，他回到塞维利亚收拾自己的行装，然后启程迁居到杜罗河畔的瓦利阿多里德。

于是，在杜罗河畔的绿荫丛中就又多了一个垂钓的老人。别人都对这个陌生的老人感到奇怪，因为他虽然手持钓竿静坐在那里，但眼睛却常常看着天空，他的思想仍然在大海上飞翔。

在哥伦布住的那间小小的松木房子里，仍不时有人来看他。他们差不多都是一些年迈的水手，有的是新近从海地岛回来的。他们给几乎被人遗忘了的海军上将带来一点新大陆的特产，然后一起喝几杯酒，叙一叙往事。

孟德斯曾托人给哥伦布带来一笔钱，并在信中说，这钱是他自己的薪俸，请他一定收下。信中还说，他已下定决心离开海地岛，另谋生路，因为他和奥温多是怎么也合不来的。

哥伦布收下了他的钱，但执意写了一张借条，交给来人带去，借条上还写道，如果他本人无力偿还，这笔钱将由他的儿子负责偿还。哥伦布就是这样，在杜罗河畔度过极端清贫而艰辛的晚年。

有一天下午，哥伦布像往常一样在河边钓鱼。一个采草莓的小姑娘走来了，远远地站住，凝神地看着他。

哥伦布发现了，高兴地和她打招呼说："小姑娘，过来玩呀！"

小姑娘怯生生地走过来，天真地问道："您在钓鱼吗？怎么老半天也没有钓着一条呢？"

哥伦布笑着说道："啊，这么说，你已经来了很久了。"

小姑娘放下篮子，在哥伦布身边坐下来。她笑着说："大家都说您是个怪老头儿，也有人说您是海军上将呢，是吗?"

"你看我像海军上将吗?"

小姑娘又把哥伦布仔细打量了一番，然后摇摇头："不像。"

"那可能就不是吧!"

"可是，好多人都说您是海军上将呢，还说您是一位了不起的伟大人物呢! 这是真的吗?"小姑娘认真地问道。

哥伦布被小姑娘的天真感动了，他放下渔竿。双手抱着膝盖，和她亲切地攀谈起来："是的，我过去是海军上将，不过我可不是什么伟大的人物。"

"那你当海军上将的时候，要带兵打仗吗?"小姑娘很有兴趣地问。

"不，不，"哥伦布笑着摇摇头，"我这个海军上将是不带兵打仗的，我只是带着船队航海。航海，懂吗?"

"我当然懂啦。那么您从小就喜欢航海吗?"小姑娘也学着哥伦布那样，用双手抱着膝盖。

"是的，我从小就是在海边长大的。"

"航海有趣吗?"

"当然有趣啦，大海，大海，真美呀! 你可以看到蔚蓝的海水，汹涌的波涛，壮丽的日出，美丽的海岛……还有大鲨鱼。"

"您就是想看大鲨鱼才去航海的吗?"

"不，我是想看看大海那边有什么，去找一条通往东方的印度和中国的海路。"

"大海那边? 中国? 印度?"小姑娘眨眨眼睛，努力想象着大海那边，"大海那边有什么呢? 你找到印度和中国了吗?"

"在大海那边有一片新的陆地……"

"哦！对了，对了。"小姑娘高兴地大声说，"我听大人说，那新陆地就是您发现的呢，快看，鱼儿上钩了!"

小姑娘惊叫着跑过去用力拉起钓竿，真的钓起了一条大鱼，哥伦布也孩子似的高兴地笑了起来。

哥伦布把鱼取下来，用一根细树枝穿着鳃，拿给小姑娘："这条鱼你就拿去吧!"

"我不要，我妈妈不让我要别人的东西。"小姑娘摇着手推让着。

"你没有向我要，是我送给你的。你也为钓这条鱼出了力的呀！我的身体是不允许我吃鱼的。"

"为什么?"

"吃了鱼，我就……肚子痛。"哥伦布皱着眉，好像真的肚子痛起来一样。

"是真的吗?"小姑娘睁大眼睛看着哥伦布。

"真的，是真的。"哥伦布连连点头。

"那好吧！但我不能白要您的呀！可是，我能够给您什么呢? 哦，对了，草莓，我把这一篮草莓也送给您吧!"

小姑娘说着就把一篮子草莓递到哥伦布的手上。

哥伦布从小篮里拿出一把草莓放在手里，边吃边说："真甜，真好吃，可是我只能吃 10 个，因为吃多了也会肚子痛的。"

"我才不相信呢！您骗我。"小姑娘歪着头说。

"不，要不别人怎么说我是怪老头儿呢?"哥伦布笑了笑，又说，

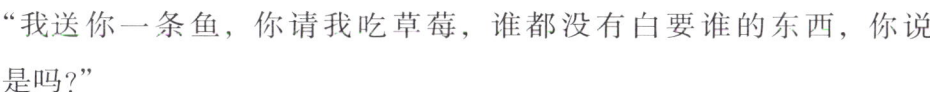

"我送你一条鱼，你请我吃草莓，谁都没有白要谁的东西，你说是吗？"

"那……好吧！"小姑娘不知怎么说才好。

"你看，天不早了，快回去吧！"哥伦布说。

"那么，再见，海军上将爷爷。"小姑娘说。

小姑娘沿着河边渐渐地远去了，哥伦布回味着刚才的谈话，默默地站在那里，不愿离开。

这一个下午，对哥伦布来说，是他一生中最后的一个欢乐的时刻。

不久，他就病倒了，一直卧床不起。

哥伦布已经感到所有的精力都将要消耗完了，像一盏油灯，油快要烧干了。他昏昏沉沉，时而清醒，时而昏迷。

哥伦布脑子里全是幻觉，有时他觉得自己是站在驾驶舱里，有时觉得自己是躺在吊床上，有时又觉得自己好像睡在沙滩上。

哥伦布的眼前，一会儿是海浪，一会儿是风暴，一会儿是珊瑚岛，一会儿是信天翁……

哥伦布在临终前，嘴里老是喃喃地念着："南海，南海……那又是什么地方呢？我还没有到过南海……"

哥伦布的弟弟巴索洛缪，儿子迪亚戈·哥伦布，还有孟德斯和几名老水手一直守候在他的床前。最后，他用干枯的手指了指那放在桌上的，几乎跟了他一生的木制地球仪，示意要人们把它拿过来。

迪亚戈把地球仪放在他的身边，又慢慢地把他扶起来。他靠在枕头上，用颤抖的双手捧着地球仪，仔细地察看着，轻轻地转动着，眼睛突然明亮了，像火光在闪烁。最后，他慢慢地合上了眼睛。

1506年5月20日，伟大的航海家、海军上将克里斯托弗·哥伦布生命的烈火熄灭了。

在哥伦布松木房子的门前，站着黑压压的人群，没有人说话，没

哥伦布·最后的远航

有人走动，大家默默地望着哥伦布卧室的窗户。

　　人群中间，有一个小姑娘，左手挎着一只小篮子，小篮子里放着10颗鲜红、晶亮的草莓。她知道，海军上将喜欢吃草莓，而且只吃10颗，吃多了要肚子痛。

　　小姑娘今天一早就跑到杜罗河边的小山岗上采集了一小篮草莓，精心挑选了这最好的10颗，赶来送给海军上将，可是她来晚了……

　　哥伦布死后，那些曾经与他作对的人们也有感于他人格的伟大，在他死后第三年，议会一致通过了为他修筑铜像的提议。铜像立在西班牙首都马德里。

　　哥伦布最大的历史功绩是他叩开了美洲大陆的大门，沟通了两个不同文明的世界，至今美洲大陆还伫立着一块哥伦布纪念碑，以纪念他那伟大的节操和不朽的功绩。

附　录

发现只孕育在勇往直前的坚持之中，我想，它与懦夫大概永远无缘。

—— 哥伦布

经典故事

∽ 坚持信念不动摇 ∾

哥伦布的环球航行计划是建立在地圆说基础上的，但当时地圆说虽然开始盛行，却缺乏确凿的证据，实践和理论都不完备，因此受到很多人以及保守势力的非议和反对。而哥伦布坚信，只要一直向西航行，就能到达东方国家。

哥伦布先后向葡萄牙、西班牙、英国、法国等国国王请求资助，以实现他向西航行到达东方国家的计划，都遭拒绝，他们甚至把哥伦布看成江湖骗子。但哥伦布并没有气馁，继续宣传自己的主张。有一次，在西班牙关于哥伦布计划的专门审查委员会的会议上，一位委员问哥伦布："即使地球是圆的，向西航行可以到达东方，并能够回到出发点，那么有一段航行必然是从地球下面向上爬坡，帆船怎么能爬得上来呢？"

还有一个委员发问："你说只要一直向西航行就能回到出发港，那么，在未知的航程内，你如何知道船队行驶的航线是正确的？"其实，这些责难除地圆说外另有玄机，已经在掌控东西方陆路以及海路交通、商业贸易并从中获利的人不希望再有一条新航线。

大家提出各种各样的问题要求哥伦布回答，面对这些嘈杂声和近乎荒唐的提问，一向滔滔不绝、口若悬河的哥伦布也只有语塞。哥伦布为实现自己的计划，撇开等同于做游戏的所谓专门委员会的纠缠，想方设法得到国王和女王的支持，斐迪南国王和伊莎贝拉女王终于召见了哥伦布，但国王说，西航和发现新的财源固然重要，不过要等到对穆斯林的战争结束。伊莎贝拉女王则对哥伦布的计划非常感兴趣，认为这是一个壮举，有必要马上付诸实施，她还是说服了国王支持哥伦布。

至此，哥伦布以坚定的信念孜孜以求、游说了十几年的环球航行计划终于在1492年得以实现，只是没有到达期望的中国和印度等东方国家，登上了美洲大陆，而发现美洲大陆对世界所产生的深远意义，或许是哥伦布始料未及的。

为理想而奋斗

哥伦布家境清贫，在儿童和少年时代没有受过什么正规教育，帮助家里干活和经营生意。由于受环境影响，哥伦布从小就对航海情有独钟，一有工夫，就跑到海边去观望过往船只，和船员攀谈。渴望自己有朝一日也和他们一样，驾船驶向蔚蓝的海洋。

而使哥伦布实现航海理想的主要转折点，是他后来从一次海上劫难中流落到葡萄牙首都里斯本开始的。里斯本当时是欧洲航海事业的中心。哥伦布在这里获得了远洋航行的技术和经验，学到了许多天文、地理、水文、气象知识，掌握了观测、计算、制图的学问。

在葡萄牙期间，哥伦布还广泛阅读了各种地理、历史、航海、游记、天文之类的书籍并受他的同胞托斯堪内里的影响和启发制订了西航的设想和探险计划。在当时，他已成为当时见识最广，航海范围最大，经验最丰富的欧洲航海家之一。

他还和在里斯本从事地图、海图绘制的弟弟巴索洛缪合伙开了一个地图、海图制售店。这些都为他后来组织指挥远航准备了知识条件，为自己的理想插上腾飞的翅膀。

∽ 激动人心的时刻 ∾

从 1492 年 9 月 14 日起，直到同年 10 月 12 日靠岸登陆，探险队不断发现海鸟，这似乎说明离陆地不远，其实不然。9 月 16 日，他们发现成片的大量的绿色植物，后来才明白是进入了马尾藻海区，好在它并不妨碍航行。

现在知道，他们遇到的马尾藻海达 450 万平方千米，船队是从藻海南部穿过的。9 月 20 日，哥伦布下令测深，但测深绳全部放入海里仍不着底，而测深绳已经到了极限。从 9 月 23 日起，船员中已开始出现怨言牢骚，引起哥伦布的注意，因为在远航中发生哗变是常有的事。

10 月 6 日在旗舰上召开了船长大副要员会议，哥伦布在会上耐心说服大家，再次表示了前进的决心。10 月 11 日，哥伦布被迫许诺的最后期限快到了。他在绝望中惊喜地发现，海面漂浮着一些芦苇、一些藤茎、一块加工过的木板以及一根被砍削过的木棍，这又给大家带来了发现陆地的希望。

晚上 10 时，哥伦布发现前方有亮光，像蜡烛那样忽明忽暗，忽升忽降。他确信陆地已近，半夜 2 时，"宾达号"的值班员终于确凿地看见了陆地。马丁船长确认后，便鸣炮报信和庆祝。哥伦布抑制着内心的激动，冷静地命令收帆下锚停船，等待天明，以保证安全。

∽ 哥伦布竖起了鸡蛋 ∾

大航海家哥伦布发现美洲后回到西班牙，女王为他摆宴庆功。酒席上，许多王公大臣、名流绅士都瞧不起这个没有爵位的人，纷纷出言相讽。

"没什么了不起，我出去航海，一样会发现新大陆。"

"驾驶帆船，只要朝一个方向航行，就会有重大发现！"

"太容易了！女王不应给他这样高的奖赏。"

这时，哥伦布从桌上拿起一个鸡蛋，笑着问大家："各位尊敬的先生，哪位能把这个鸡蛋立起来？"

于是一些自以为能力超群的人纷纷开始立那个鸡蛋，但左立右立，站着立，坐着立，想尽了一切办法，也立不住椭圆形的鸡蛋。

"我们立不起来，你也一定立不起来！"大家把目光盯住哥伦布。

哥伦布拿起鸡蛋，"砰"的一声往桌上磕了一下，大头破了，鸡蛋牢牢地立在桌子上。

众人嚷道："这谁不会呀！这太简单了！"

哥伦布微笑着说："是的，这很简单，但在这之前你们为什么想不到呢？"

年　谱

1451 年，哥伦布出生于意大利。

1461 年，哥伦布进行首次航行。

1465 年，哥伦布到学校学习航海技术、拉丁语、地理、历史等。

1476 年，哥伦布成为法国舰队船长，和威尼斯商船发生了激烈的海战，虽然击中了对方，但是自己的船也着火燃烧，哥伦布跳进海里，流落到葡萄牙。

1479 年，哥伦布与莫妮兹结婚，取得了葡萄牙国籍。

1480 年，哥伦布的探险计划已经成熟，他多次向葡萄牙国王提出探险计划，但是都遭到拒绝。

1482 年，哥伦布再次请求葡萄牙国王接受他的探险建议，没有想到受到贵族的欺骗。

1484 年，哥伦布的妻子去世，他带着 3 岁的儿子悄悄逃离葡萄牙，来到了西班牙。

1485 年，哥伦布得到了贝雷士神父的帮助，和恩莉凯丝结婚。

1486 年，哥伦布受到西班牙国王斐迪南的召见，递交了航海计划，但是因为西班牙忙于战事，这件事情被耽搁了下来。

1492 年，哥伦布得到西班牙女王的资助，于 8 月 3 日率领 3 艘船出发，做第一次航海探险。船队横渡大西洋，发现了圣萨尔瓦多岛、古巴岛、海地岛。旗舰"玛利亚号"触礁。

1493 年，哥伦布返航，3 月 15 日到达西班牙巴洛斯港口。

1493 年 9 月 25 日，开始第二次西航。

1494 年，哥伦布在海地岛建立了第一个欧洲风味的城镇伊莎贝拉镇。

1495 年，伊莎贝拉镇的西班牙殖民者开始反抗哥伦布的命令，与印第安人的流血冲突开始。

1496 年 7 月 11 日，哥伦布回到西班牙，第二次远航结束。

1498 年 5 月 30 日，哥伦布开始第三次西航，发现了千里达、玛加丽塔等群岛，平息了海地岛的叛乱。

1500 年，西班牙国内一些人诋毁哥伦布，国王下令逮捕哥伦布兄弟。10 月，哥伦布三兄弟作为囚犯被押送回国，第三次远航结束。

1502 年，哥伦布开始第四次远航，6 月抵达圣多明各，请求靠岸，遭到殖民地总督拒绝。

1503 年，哥伦布困守牙买加岛长达一年。

1504 年，哥伦布等幸存者被救，他的探险生涯结束。11 月，第四次远航结束。

1504 年 11 月 26 日，伊莎贝拉女王去世，哥伦布失去政治援助。

1506 年 5 月 20 日，哥伦布逝世。

名 言

● 创造难，模仿容易。

● 世界是属于勇者的。

● 言语无法做到的事情，金子可以做到。

● 生活而无目标，犹如航海而无指南针。

● 在爱情这片领域，我又发现了一片新大陆。

● 凡事做最坏的打算，至少不会输得一败涂地。

● 学问是异常珍贵的东西，从任何源泉吸收都不可耻。

● 只见汪洋时就以为没有陆地的人，不过是拙劣的探索者。

● 在人生的浩瀚大海中，理想是罗盘针，热情是疾风。

● 发现只孕育在勇往直前的坚持之中，我想，它与懦夫大概永远无缘。

● 只要我们把希望的大陆牢牢记在心中，风浪就一定会被我们所战胜。

● 在人生的海洋上，最痛快的事是独断独行，但最悲惨的却是回头无岸。

● 天才，就是别人认为毫无价值的不毛之地，你却能挖掘出黄金和甘泉来！

● 人不光是靠他生来就拥有一切，而是靠他从学习中所得到的一切来造就自己。

● 理想如晨星，我们永不能触到，但我们可像航海者一样，借星光的位置而航行。

● 我必须再回到海上，到那孤寂的海天之间，因为潮水奔腾的那种强烈的夜行的呼唤，委实叫人无法拒绝。

● 我自年轻的时候出海以来，至今还不曾离开海上的生活。这种职业，似乎使所有干这行的人，都产生了一种想知道世界奥秘的心情。

● 我一直都在考虑一件事：是享用无尽的财富，还是不绝于耳的赞美，不，不是因为那些东西，而是一定可以完成航海的信念，以及作为船员的荣誉和自豪。

图书在版编目（CIP）数据

哥伦布 / 徐文平编著. —北京：中国社会出版社，2012.9
（2022.6 重印）
（世界名人非常之路）
ISBN 978－7－5087－4149－9

Ⅰ．①哥… Ⅱ．①徐… Ⅲ．①哥伦布，C.（1451～1506）－
生平事迹 Ⅳ．①K835.465.89

中国版本图书馆 CIP 数据核字（2012）第 201149 号

出 版 人：浦善新		策划编辑：侯　钰	
责任编辑：侯　钰		封面设计：张　莉	

出版发行　中国社会出版社　　　　　　　地　　　址：北京市西城区二龙路甲 33 号
邮政编码：100032　　　　　　　　　　　编 辑 部：（010）58124867
网　　　址：shcbs.mca.gov.cn　　　　　 发 行 部：（010）58124866
经　　　销：各地新华书店

印刷装订：北京华创印务有限公司　　　　开　　本：170mm×240mm 1/16
印　　张：13　　　　　　　　　　　　　字　　数：200 千字
版　　次：2012 年 9 月第 1 版　　　　　印　　次：2022 年 6 月第 4 次印刷
定　　价：49.80 元

中国社会出版社微信公众号

中国社会出版社天猫旗舰店